道路运输企业
生产安全事故隐患排查治理
实用手册

严 季 李 弢◎主 编
唐 娜 刘勇凤◎副主编

人民交通出版社股份有限公司
北 京

内 容 提 要

本书依据《中华人民共和国安全生产法》关于生产经营单位建立健全生产安全事故隐患排查治理制度等要求，从生产安全事故隐患概念出发，梳理了隐患排查治理的法规政策要求，阐述了道路运输企业自检自查要求，并分别从相关法律、法规、部门规章三个层面展开介绍了有关生产安全事故隐患排查治理的具体内容，随后总结了道路旅客运输、普通货物运输、危险货物运输企业需要掌握的隐患排查与治理内容和要求。

本书可供道路运输企业主要负责人、安全生产管理人员和从业人员用以开展隐患排查治理工作。

图书在版编目（CIP）数据

道路运输企业生产安全事故隐患排查治理实用手册 / 严季，李弢主编. — 北京：人民交通出版社股份有限公司，2023.6

ISBN 978-7-114-18854-1

Ⅰ.①道⋯ Ⅱ.①严⋯②李⋯ Ⅲ.①公路运输企业—安全隐患—安全管理—手册 Ⅳ.①U492.8-62

中国国家版本馆 CIP 数据核字（2023）第 110740 号

Daolu Yunshu Qiye Shengchan Anquan Shigu Yinhuan Paicha Zhili Shiyong Shouce

书　　名：	道路运输企业生产安全事故隐患排查治理实用手册
著 作 者：	严　季　李　弢
责任编辑：	董　倩
责任校对：	赵媛媛
责任印制：	张　凯
出版发行：	人民交通出版社股份有限公司
地　　址：	（100011）北京市朝阳区安定门外外馆斜街 3 号
网　　址：	http://www.ccpcl.com.cn
销售电话：	(010)59757973
总 经 销：	人民交通出版社股份有限公司发行部
经　　销：	各地新华书店
印　　刷：	北京虎彩文化传播有限公司
开　　本：	787×1092　1/16
印　　张：	12.25
字　　数：	273 千
版　　次：	2023 年 6 月　第 1 版
印　　次：	2023 年 12 月　第 2 次印刷
书　　号：	ISBN 978-7-114-18854-1
定　　价：	48.00 元

（有印刷、装订质量问题的图书，由本公司负责调换）

前言

安全生产是关系人民群众生命财产安全的大事，是经济社会高质量发展的重要标志，是党和政府对人民利益高度负责的重要体现。党中央、国务院高度重视安全生产工作，强调要把安全生产摆到重要位置，统筹发展和安全，坚持人民至上、生命至上，树牢安全发展理念，严格落实安全生产责任制，强化风险防控，从根本上消除事故隐患，切实把确保人民生命安全放在第一位落到实处。要求压实各层级、各环节责任，严格安全监管执法，强化安全风险防控和隐患排查治理，加强安全基础能力建设，坚决防范遏制重特大安全事故，保障人民群众生命财产安全。

2021年新修订的《中华人民共和国安全生产法》第四十一条规定，生产经营单位应当建立健全生产安全事故隐患排查治理制度，采取技术、管理措施，及时发现并消除事故隐患。为指导道路运输企业贯彻落实《中华人民共和国安全生产法》的相关要求，依法经营、依法运输，作者结合企业实际，根据有关法律法规和《道路运输企业主要负责人和安全生产管理人员安全考核大纲》，编写了本书，期望能够为道路运输企业开展生产安全事故隐患排查治理工作提供抓手。

本书分为基础篇、专业篇和附录，从生产安全事故隐患概念入手，依据相关法律、法规、部令规章和标准，编制了隐患排查治理表格。使用隐患排查治理表格时需要注意以下几点：

（1）隐患排查治理表格具体内容包括排查内容、排查方法、排查（检查）情况、治理措施、备注。其中排查方法主要分为资料审查、现场核查、座谈与询问三种，排查主体可根据实际排查内容确定。

（2）每张隐患排查治理表格明确了执行主体的签字栏，主要包括企业主要负责人、安全生产管理人员、从业人员三类。在执行过程中，每类人员签字周期可以按照"执行主体签字周期短，监管主体签字周期长"的原则确定。

（3）道路运输企业可以根据自身实际情况，选择相关的隐患排查治理表，也可以增加企业内部规章制度、标准、操作规程等相关内容的隐患排查治理表。

开展生产安全事故隐患排查治理工作，是道路运输企业落实安全生产主体责任的主要体现，道路运输企业应依据安全生产相关法律法规，做到有法可依。本书牢牢扣住安全生产的责任，对道路运输企业、主要负责人、安全生产管理人员、从业人员如何落实安全生产责任作出了明确规定，并建议道路运输企业建立隐患自查、自改、自报的管理制度，真正落实法律法规要求，不断提高安全生产水平，从根本上防止和减少生产安全事故发生。同时，负有安全生产监督管理职责的部门，对道路运输企业建立健全生产安全事故隐患排查治理制度负有监督检查的职责，其在开展相关监督检查工作时可以借鉴本书。

本书由严季、李弢担任主编，唐娜、刘勇凤担任副主编，参加本书编写的还有胡海平、麻作英、张俊逸、贾杰山、蔡勇、王磊、韩振、马亚琦、李娟、熊燕舞。感谢迈安途网络科技有限公司、海气润联（天津）物流科技有限公司、天津振越运输有限公司、天津东方泰瑞科技有限公司对本书编写的支持。

由于作者水平有限，书中难免有不妥之处，敬请有关专家、学者和道路运输从业者批评指正，以便完善。

编　者

2023 年 4 月

基 础 篇

第1章 概述 ··· 3
  1.1 隐患排查治理的法规政策要求 ·· 3
  1.2 隐患排查治理的有关概念 ··· 5
  1.3 道路运输企业自检自查要求 ·· 8
  1.4 法规标准基础知识 ··· 9

第2章 相关法律对生产安全事故隐患排查治理的要求 ············ 12
  2.1 《中华人民共和国安全生产法》 ·· 12
  2.2 《中华人民共和国道路交通安全法》 ································· 21
  2.3 《中华人民共和国刑法》 ·· 27
  2.4 《中华人民共和国消防法》 ··· 28
  2.5 《中华人民共和国突发事件应对法》 ································· 31
  2.6 《中华人民共和国反恐怖主义法》 ···································· 32
  2.7 《中华人民共和国职业病防治法》 ···································· 33
  2.8 《中华人民共和国劳动法》 ··· 36

第3章 相关法规对生产安全事故隐患排查治理的要求 ············ 38
  3.1 《中华人民共和国道路运输条例》 ···································· 38
  3.2 《生产安全事故应急条例》 ··· 42
  3.3 《危险化学品安全管理条例》 ·· 44
  3.4 《放射性物品运输安全管理条例》 ···································· 47
  3.5 《民用爆炸物品安全管理条例》 ·· 49
  3.6 《烟花爆竹安全管理条例》 ··· 51
  3.7 《生产安全事故报告和调查处理条例》 ····························· 52

第4章 相关部门规章对生产安全事故隐患排查治理的要求 ····· 55
  4.1 《道路运输车辆技术管理规定》 ·· 55
  4.2 《道路运输车辆动态监督管理办法》 ································· 59
  4.3 《道路运输从业人员管理规定》 ·· 61

4.4 《企业安全生产费用提取和使用管理办法》 …………………………………… 64

专 业 篇

第5章 道路旅客运输生产安全事故隐患排查治理的要求 ……………………… 69
5.1 《道路旅客运输及客运站管理规定》 …………………………………………… 69
5.2 《道路旅客运输企业安全管理规范》 …………………………………………… 80
5.3 《汽车客运站安全生产规范》 …………………………………………………… 102

第6章 道路货物运输生产安全事故隐患排查治理的要求 ……………………… 110
6.1 《道路货物运输及站场管理规定》 ……………………………………………… 110
6.2 《零担货物道路运输服务规范》(JT/T 620) …………………………………… 115

第7章 危险货物道路运输生产安全事故隐患排查治理的要求 ………………… 123
7.1 《道路危险货物运输管理规定》 ………………………………………………… 123
7.2 《危险货物道路运输安全生产管理办法》 ……………………………………… 131
7.3 《危险货物道路运输规则》(JT/T 617) ………………………………………… 137

第8章 放射性物品道路运输生产安全事故隐患排查治理的要求 ……………… 145

附 录

附录1 《道路运输企业车辆技术管理规范》(JT/T 1045) ……………………… 153
附录2 《危险货物道路运输企业运输事故应急预案编制要求》(JT/T 911) …… 162
附录3 《危险货物道路运输企业安全生产管理制度编写要求》(JT/T 912) …… 172
附录4 《危险货物道路运输企业安全生产责任制编写要求》(JT/T 913) ……… 179
附录5 危险货物道路运输企业专职安全生产管理人员职责 …………………… 185
附录6 《交通运输部办公厅关于印发〈道路运输企业和城市客运企业安全生产重大事故隐患判定标准(试行)〉的通知》(交办运〔2023〕52号) ……………… 192

参考文献 ……………………………………………………………………………… 196

基础篇

第1章 概　　述

1.1 隐患排查治理的法规政策要求

1.1.1 法规要求

《中华人民共和国安全生产法》(以下简称《安全生产法》)是为了加强安全生产监督管理,防止和减少生产安全事故,保障人民群众生命和财产安全,促进经济发展而制定的法律。2021年9月1日最新修订施行的《安全生产法》,对生产经营单位的生产安全事故隐患排查治理工作作出了规定,包括企业及其主要负责人、安全生产管理人员、从业人员、企业工会等对隐患排查治理的义务及其因违法行为应承担的责任(图1-1),以及监督管理等部门的责任(图1-2)。由此可见,企业是安全生产的责任主体,也是隐患排查治理的责任主体。

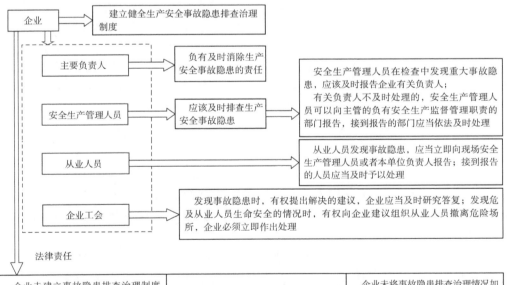

图1-1　《安全生产法》对企业隐患排查治理的要求

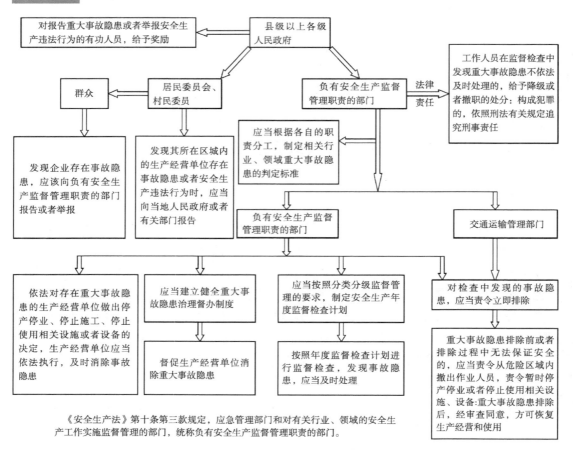

图1-2 《安全生产法》对监督管理部门隐患排查治理的要求

1.1.2 政策要求

2013年11月12日,《中共中央关于全面深化改革若干重大问题的决定》中要求,深化安全生产管理体制改革,建立隐患排查治理体系和安全预防控制体系,遏制重特大安全事故。

2016年12月18日,《中共中央 国务院关于推进安全生产领域改革发展的意见》(中发〔2016〕32号)中要求,构建风险分级管控和隐患排查治理双重预防工作机制,严防风险演变、隐患升级导致生产安全事故发生。

2022年1月11日,《交通运输部关于进一步加强交通运输安全生产体系建设的意见》(交安监发〔2022〕4号)中要求,强化安全生产事故隐患排查治理。推动企业建立健全隐患排查治理制度,完善隐患排查、治理、记录、报告全流程闭环管理,严格落实重大事故隐患治理情况向行业管理部门和企业职代会"双报告"制度,提倡企业建立安全生产事故隐患、违法违规行为举报奖励机制。研究制定和实施重点领域重大事故隐患判定标准或指南。严格落实重大事故隐患治理督办、整改销号,实施重大事故隐患清零、一般事故隐患"减增量去存量"。建立管理部门互联、与企业联网的隐患排查治理信息系统。

2022年4月2日,《交通运输部关于印发〈交通运输安全生产强化年实施方案〉的通知》(交安监发〔2022〕43号)中要求,强化风险隐患排查。开展安全隐患大排查大整治。坚持"隐患就是事故",全面深入开展安全隐患大排查大整治,尤其对易发生群死群伤的领域和环节,交通运输管理部门和企业要领导带头全面开展排查,对发现的隐患要立查立改,全部动态清零。落实安全生产举报制度,推进建立健全隐患举报奖励机制,做好举报受理、核查处理、结果运用等工作,及时治理事故隐患,依法惩处违法违规行为。严格实施重大事故隐患挂牌督办、整改销号,落实隐患整改责任、措施、资金、时限、预案"五到位",确保清仓见底,从根本上消除事故隐患。

2022年4月8日,《交通运输部办公厅关于强化道路货物运输重点领域安全管理工作的通知》中要求,督促指导道路货物运输企业认真吸取教训,举一反三,警钟长鸣,认真查摆问题,有针对性地加强安全风险管理和隐患治理,补齐短板,堵塞漏洞,切实做到"四不放过",坚决避免类似事故再次发生。

综上所述,道路运输企业是本企业生产安全事故隐患排查治理工作的责任主体,政府有关管理部门对道路运输企业开展该项工作负有监督管理职责。依法依规、科学合理地进行隐患排查治理,既是企业生产工作顺利开展的前提,也是强化安全监督与管理工作的有效措施,更是降低事故发生概率的重要手段。隐患排查治理建设对于提高道路运输企业隐患排查效率、增强隐患排查治理能力、控制事故隐患进一步恶化、提高重特大事故隐患排查与治理的能力、保障人民群众财产、人身安全具有重要意义。

1.2 隐患排查治理的有关概念

在生产安全事故隐患排查治理工作中,涉及如下概念。

1.2.1 生产安全事故隐患

生产安全事故隐患(以下简称事故隐患或隐患),是指生产经营单位违反安全生产法律、法规、规章、标准、规程和安全生产管理制度的规定,或因其他因素在生产经营活动中存在可能导致事故发生的物的危险状态、人的不安全行为和管理上的缺陷。

由此可知,隐患是指生产经营单位在人、物、场所、管理等方面违反相关规定。本书着重分析人的因素。

1.2.2 事故隐患分级分类

事故隐患可分为一般事故隐患和重大事故隐患。

一般事故隐患,是指危害和整改难度较小,发现后能够立即整改排除的隐患。

重大事故隐患,是指危害和整改难度较大,应当全部或者局部停产停业,并经过一定

时间整改治理方能排除的隐患，或者因外部因素影响致使生产经营单位自身难以排除的隐患。❶

各相关行业、领域重大事故隐患的判定标准，由相应负有安全生产监督管理职责的部门制定发布。根据事故隐患的定义可知，道路运输企业违反国家法律法规属于违法经营、违法运输，应属于重大事故隐患。

交通运输领域的事故隐患可分为道路运输事故隐患、水路运输事故隐患、港口营运事故隐患、交通工程建设事故隐患、交通设施养护工程事故隐患和其他事故隐患六个类型。每个类型又可按照业务属性分为若干类别。

1.2.3 事故隐患排查

排查是指在一定范围内进行逐个审查。事故隐患排查是指生产经营单位组织安全生产管理人员、工程技术人员和其他相关人员对本单位的事故隐患进行排查，并对排查出的事故隐患按照等级进行登记，建立事故隐患信息档案。

事故隐患排查可分为日常排查、专项排查和定期排查。

日常排查是指生产经营单位结合日常工作组织开展的经常性隐患排查，排查范围应覆盖日常生产作业环节。日常排查每周应不少于1次。

专项排查是指生产经营单位在一定范围、领域组织开展的针对特定隐患的排查，一般包括：

（1）根据政府及有关管理部门安全工作专项部署，开展针对性的隐患排查；

（2）根据季节性、规律性安全生产条件变化，开展针对性的隐患排查；

（3）根据新工艺、新材料、新技术、新设备投入使用对安全生产条件形成的变化，开展针对性的隐患排查；

（4）根据生产安全事故情况，开展针对性的隐患排查。

定期排查是指由生产经营单位根据生产经营活动特点，组织开展涵盖全部交通运输生产经营领域、环节的隐患排查。定期排查每半年应不少于1次。

1.2.4 事故隐患治理

治理是指整治调理，即对排查出的问题进行整改。事故隐患治理是指消除或控制事故隐患的活动或过程，即对排查出的事故隐患，按照职责分工实施监控治理。对于一般事故隐

---

❶ 本定义和分类依据为原国家安全生产监督管理总局发布的《安全生产事故隐患排查治理暂行规定》第三条。

交通运输部于2018年发布了《公路水路行业安全生产隐患治理暂行办法》，第三条给出了隐患的定义：安全生产隐患，是生产经营单位违反安全生产法律、法规、规章、标准、规程和安全生产管理制度等规定，或因其他因素在生产经营活动中存在的可能导致安全生产事故发生的人的不安全行为、物的不安全状态、场所的不安全因素和管理上的缺陷。第八条给出了隐患的分级：隐患分为重大隐患和一般隐患两个等级。重大隐患是指极易导致重特大安全生产事故，且整改难度较大，需要全部或者局部停产停业，并经过一定时间整改治理方能消除的隐患，或者因外部因素影响致使生产经营单位自身难以消除的隐患。一般隐患是指除重大隐患外，可能导致安全生产事故发生的隐患。

患,由于其危害和整改难度较小,发现后应当由生产经营单位负责人或者有关人员立即组织整改。对于重大事故隐患,由生产经营单位的主要负责人组织制定并实施事故隐患治理方案。

由此可知,事故隐患排查治理制度,是指企业依据事故隐患定义进行事故隐患排查,并对事故隐患进行分级,进而采取相应的治理(消除)措施的一种运作模式。事故隐患排查治理工作是企业安全生产管理工作的重要组成部分。

1.2.5 生产安全风险

生产安全风险(以下简称风险)是指在生产经营过程中发生生产安全事故的可能性。

风险和事故隐患的关系可以用行人过马路举例说明:

(1)行人闯红灯通行,违反《中华人民共和国道路交通安全法》的规定,属于"事故隐患"。而由于闯红灯通行,行人就有可能发生道路交通事故,即存在"风险"。

(2)行人待绿灯亮起后通行,未违反《中华人民共和国道路交通安全法》的规定,不属于"事故隐患",但机动车驾驶员有可能闯红灯通行,行人仍存在"风险"。

由此可知,存在事故隐患,必然有风险;有风险,未必存在事故隐患。即风险的范畴大于隐患(图1-3)。这也是《标本兼治遏制重特大事故工作指南》(安委办〔2016〕3号)中提出"把安全风险管控挺在隐患前面,把隐患排查治理挺在事故前面"的原因。

图1-3 风险和隐患的关系

1.2.6 风险分级分类

风险按照可能导致生产安全事故的后果和概率,由高到低依次分为重大、较大、一般和较小四个等级。

(1)重大风险是指一定条件下易导致特别重大生产安全事故的风险。

(2)较大风险是指一定条件下易导致重大生产安全事故的风险。

(3)一般风险是指一定条件下易导致较大生产安全事故的风险。

(4)较小风险是指一定条件下易导致一般生产安全事故的风险。

同时满足两个以上条件的,按最高等级确定风险等级。

风险按业务领域可分为道路运输风险、水路运输风险、港口营运风险、交通工程建设风险、交通设施养护工程风险和其他风险六个类型。每个类型又可按照业务属性分为若干类别。

1.2.7 风险辨识

生产经营单位的风险辨识可分为全面辨识和专项辨识。

全面辨识是指生产经营单位为全面掌握本单位安全生产风险,全面、系统地对本单位生产经营活动开展的风险辨识。

专项辨识是指生产经营单位为及时掌握本单位重点业务、工作环节或重点部位、管理对象的安全生产风险,对本单位生产经营活动范围内部分领域开展的安全生产风险辨识。

风险辨识工作应针对生产安全事故发生影响及其损失程度的致险因素进行。致险因素一般包含以下四个方面:

(1) 从业人员安全意识、安全与应急技能、安全行为或状态;

(2) 生产经营基础设施、运输工具、工作场所等设施设备的安全可靠性;

(3) 影响安全生产外部要素的可知性和应对措施;

(4) 安全生产的管理机构、工作机制及安全生产管理制度合规和完备性。

1.3 道路运输企业自检自查要求

1.3.1 检查内容

1) 主要负责人自检自查

(1) 定期检查。企业主要负责人应依据"隐患排查治理表",至少每半年开展一次自检自查工作。如发现隐患,应及时治理。

(2) 重大事故隐患治理。在自检自查时,如发现存在"安全生产违法行为""违法违规经营"问题,应按"重大事故隐患"采取措施,必须及时(限时)整改;如发现在"许可条件"方面存在隐患,表明企业"不具备安全生产条件",应按"重大事故隐患"采取措施,必须及时(限时)整改;如发现其他重大事故隐患,企业也必须及时(限期)整改。

道路运输企业应按照及时报备、动态更新、真实准确的原则,向属地负有安全生产监督管理职责的管理部门及时报备重大事故隐患信息,并注意报备信息的完整性。

(3) 一般事故隐患治理。在自检自查时,如发现一般事故隐患,应按照企业内部隐患排查治理工作有关分工,要求有关部门、人员采取措施,消除隐患。

2) 安全生产管理人员自检自查

安全生产管理人员应依据"隐患排查治理表",至少每季度开展一次自检自查工作。如发现隐患,应及时治理;如发现重大事故隐患,应向本单位有关负责人报告;有关负责人不及时处理的,安全生产管理人员可以向主管的负有安全生产监督管理职责的部门报告。

3) 从业人员自检自查

从业人员应依据"隐患排查治理表",至少每月开展一次自检自查工作。如发现隐患,应及时上报、治理。每次出车前和运输后,驾驶员应依据"隐患排查治理表",开展自检自查工作。

4) 专项检查

道路运输企业依据本单位发生事故的情况以及有被"负有安全生产监督管理职责的部门"督查或转办交办、投诉举报、媒体曝光、其他部门抄告重大事故隐患或安全生产违法违规行为的,应及时开展专项检查。

1.3.2 检查方法

(1) 资料审查:通过查阅安全生产相关制度、实施记录、档案等资料,核查(确认)本单位相关安全管理制度是否完备、有效。

(2) 现场核查:企业主要负责人或安全生产管理人员,抽取相关车辆、设备、人员、台账等资料,核查企业在车辆、设备、人员等方面是否符合规定。

(3) 座谈与询问:企业主要负责人或安全生产管理人员与从业人员等相关人员座谈,了解其对安全生产相关法规以及知识要求、安全操作技能、突发事件应急处置等的掌握程度以及改进意见。

1.3.3 检查记录

道路运输企业自检自查后,应建立安全生产自检自查档案,并归档保存,保存期不少于3年。

1.4 法规标准基础知识

企业在开展生产安全隐患排查治理工作前,首先要了解法律的基础知识,明确下位法服从上位法等基本法理。把握实务本质,区分主次,才能避免本末倒置。

1.4.1 法律法规

(1) 宪法。《中华人民共和国宪法》是我国的根本大法,具有最高法律权威和最高法律效力,是制定普通法律的依据。

(2) 法律。法律是指全国人民代表大会及其常务委员会依照法定程序制定,由国家主席签署,并以国家主席令公布实施的规范性文件。其中,由全国人民代表大会制定和修改的法律称为"基本法律",如《中华人民共和国刑法》;由全国人民代表大会常务委员会通过的法律又称为"一般法律",如《中华人民共和国安全生产法》。法律的效力仅次于宪法。

(3) 法规。法规通常是对行政法规和地方性法规的总称。

行政法规是国务院根据宪法和法律制定,由国务院总理签署,以国务院令发布实施的规范性文件,如《中华人民共和国道路运输条例》。行政法规的效力低于宪法和法律。

地方性法规有两种。第一种是省(自治区、直辖市)人民代表大会及其常务委员会制定,由大会主席团或常务委员会用公告公布施行的规范性文件,如《山东省道路运输条例》;这种地方性法规在本行政区域内有效,其效力低于宪法、法律和行政法规。第二种是省(自治区、直辖市)人民政府所在地的市和经国务院批准的较大的市的人民代表大会及其常务委员会制定,报省(自治区、直辖市)人民代表大会常务委员会批准后施行的规范性文件,如《济南市科学技术进步条例》;这种地方性法规在本市范围内有效,其效力低于第一种地方性法规。

1.4.2 规章、规范性文件

(1)规章。规章包括部门规章和地方政府规章。

部门规章是指国务院各部(局)、委员会在本部门的权限范围内制定,由部(局)长或委员会主任签署发布的规范性文件,如《放射性物品道路运输管理规定》。部门规章在全国范围内有效,其效力低于法律、法规。

地方政府规章是指省(自治区、直辖市)人民政府所在地的市和经国务院批准的较大的市的人民政府制定,由省长、自治区主席、直辖市市长签署,以政府令发布实施的规范性文件,如《江西省木材运输监督管理办法》。地方政府规章在本行政区域内有效,其效力低于法律、法规。省(自治区、直辖市)人民政府所在地的市和经国务院批准的较大的市的人民政府制定的规章,效力低于省(自治区、直辖市)人民政府制定的规章。

(2)规范性文件。规范性文件有广义、狭义之分。广义上的规范性文件包括宪法、法律、法规、规章以及国家机关在职权范围内依法制定的具有普遍约束力的文件。狭义上的规范性文件是指除宪法、法律、法规、规章以外的具有普遍约束力的非立法性文件。

1.4.3 法律法规执行原则

(1)下位法服从上位法。

"下位法服从上位法"是指当下位法(包括部门规章)违背上位法时,下位法应进行修改或废止,如没有进行修改,在执行时必须自动调整为上位法的要求。随着上位法的不断调整,加之有些下位法发布的时间较早,故有时在自动调整或废止时并不需要相关部门专门发文告知。

如自2002年3月15日起施行的《危险化学品安全管理条例》(国务院令第344号)第四条中规定,危险化学品单位主要负责人必须保证本单位危险化学品的安全管理符合有关法律、法规、规章的规定和国家标准的要求,并对本单位危险化学品的安全负责。而自2002年11月1日起施行的《中华人民共和国安全生产法》第十条规定,生产经营单位必须执行依法制定的保障安全生产的国家标准或行业标准。故根据《中华人民共和国安全生产法》第十条的要求,《危险化学品安全管理条例》(国务院令第591号)在2011年修订时将第四条调整为,危险化学品单位应当具备法律、行政法规规定和国家标准、行业标准要求的安全条件,……

(2)专项法规优于通用法规。

"专项法规优于通用法规"是指在同级法规比较时,专项法规优于通用法规。

如自2004年7月1日起施行的《中华人民共和国道路运输条例》(国务院令第406号)

(通用法规)规定,危险货物道路运输应遵守此条例的有关规定。而自 2002 年 3 月 15 日起施行的《危险化学品安全管理条例》(国务院令第 344 号)(专项法规)原则上将"危险化学品"等同于"危险货物"。根据"专项法规优于通用法规"的原则,危险货物道路运输既要遵守《中华人民共和国道路运输条例》,也要遵守《危险化学品安全管理条例》。

(3)法律不溯及既往。

"法律不溯及既往"是指法律等不溯及既往,但为了更好地保护公民、法人和其他组织的权利和利益而作的特别规定除外。

如自 2005 年 11 月 1 日起施行的《易制毒化学品管理条例》(国务院令第 445 号)第四十五条规定,本条例自 2005 年 11 月 1 日起施行。本条例施行前已经从事易制毒化学品生产、经营、购买、运输或进口、出口业务的,应当自本条例施行之日起 6 个月内,依照本条例的规定重新申请许可。即新的法规颁布修订后,会给相关企业一个过渡、调整期,以达到新的法规要求。

1.4.4 标准

根据《中华人民共和国标准化法》,标准包括国家标准、行业标准、地方标准和团体标准、企业标准。国家标准分为强制性标准、推荐性标准,行业标准、地方标准是推荐性标准。强制性标准必须执行。国家鼓励采用推荐性标准。法规和部门规章中引用的推荐性标准,也要执行。

《安全生产法》规定,生产经营单位必须执行依法制定的保障安全生产的国家标准或者行业标准。在实际工作中,一定要注意标准的适用范围是否与我们的工作有关。如我们从事的是危险货物道路运输,使用标准的适用范围要与危险货物道路运输有关,而不能使用危险货物生产、包装、储存的标准。

《中华人民共和国标准化法》要求,推荐性国家标准、行业标准、地方标准、团体标准、企业标准的技术要求不得低于强制性国家标准的相关技术要求。

在我国,标准不像行政文件,由上级政府或行业管理部门逐级下发,而是以公告形式向社会发布,用户要主动跟踪了解标准颁布情况并自行到国家标准出版社或行业标准出版社购买。

第 2 章　相关法律对生产安全事故隐患排查治理的要求

2.1 《中华人民共和国安全生产法》

《安全生产法》是我国安全生产方面的最高法律，对于全面加强我国安全生产法制建设，强化安全生产监督管理，规范生产经营单位的安全生产，遏制重大、特大事故，促进经济发展和保持社会稳定，具有重大而深远的意义。生产经营单位的安全生产应遵守本法。

> **基本概念**
>
> 生产经营单位，是指从事商品生产、销售以及提供服务的法人和其他经济组织，不论其所有制性质、企业组织形式和经营规模大小，只要是从事生产经营活动的，都应遵守本法的规定。

根据专项法规优于通用法规的规则，如相关领域有专门的法律、行政法规，生产经营单位应遵守其具体规定。而《安全生产法》中规定的共性制度措施，特别是安全生产责任制、安全生产教育和培训、隐患排查治理制度等，适用所有生产经营单位。

本节通过梳理、归纳《安全生产法》中有关企业主体责任和主要负责人、安全生产管理人员、从业人员法定责任的规定，指导企业开展生产安全事故隐患排查治理工作。这是企业依法经营、依法运输的基石。

2.1.1 安全生产政策

《安全生产法》要求，从源头上防范化解重大安全风险。第三条明确了安全生产的指导思想、理念、方针和工作机制等。

安全生产工作的指导思想：安全生产工作坚持中国共产党的领导。

安全生产理念：安全生产工作应当以人为本，坚持人民至上、生命至上，把保护人民生命安全摆在首位，树牢安全发展理念。

安全生产方针：安全生产应当坚持安全第一、预防为主、综合治理的方针。

安全生产工作原则：安全生产工作实行管行业必须管安全、管业务必须管安全、管生产经营必须管安全（"三个必须"）的原则。

安全生产工作机制：建立生产经营单位负责、职工参与、政府监管、行业自律和社会监督的机制。

生产经营单位主体责任与政府监管责任:强化和落实生产经营单位主体责任与政府监管责任。

2.1.2 强化和落实生产经营单位主体责任

《安全生产法》第四条规定,生产经营单位主体责任,主要是指"生产经营单位必须遵守本法和其他有关安全生产的法律、法规,加强安全生产管理,建立健全全员安全生产责任制和安全生产规章制度,加大对安全生产资金、物资、技术、人员的投入保障力度,改善安全生产条件,加强安全生产标准化、信息化建设,构建安全风险分级管控和隐患排查治理双重预防机制,健全风险防范化解机制,提高安全生产水平,确保安全生产"。

道路运输企业可参考表2-1,在"企业主体责任"方面开展隐患排查治理工作。

企业主体责任　　　　　　　　　　　　　　　表2-1

主要负责人签字:　　　　　　　　　　　　日期:
安全生产管理人员签字:　　　　　　　　　　日期:

	排查内容 (《安全生产法》有关条款)	排查(检查)情况	治理措施	备注
第三条	强化和落实生产经营单位主体责任			
第四条	生产经营单位必须遵守本法和其他有关安全生产的法律、法规,加强安全生产管理			
	建立健全全员安全生产责任制和安全生产规章制度			
	加大对安全生产资金、物资、技术、人员的投入保障力度			
	构建安全风险分级管控和隐患排查治理双重预防机制			
	健全风险防范化解机制			
	平台经济等新兴行业、领域的生产经营单位应当根据本行业、领域的特点,建立健全并落实全员安全生产责任制,加强从业人员安全生产教育和培训,履行本法和其他法律、法规规定的有关安全生产义务			如网络货运
第五条	生产经营单位的主要负责人是本单位安全生产第一责任人,对本单位的安全生产工作全面负责			
第二十二条	全员安全生产责任制应当明确各岗位的责任人员、责任范围和考核标准等内容			
	应当建立相应的机制,加强对全员安全生产责任制落实情况的监督考核,保证全员安全生产责任制的落实			
第二十三条	应当具备的安全生产条件所需的资金投入,由生产经营单位的决策机构、主要负责人或者个人经营的投资人予以保证,并对由于安全生产所必需的资金投入不足导致的后果承担责任			
	有关生产经营单位应当按照规定提取和使用安全生产费用,专门用于改善安全生产条件。安全生产费用在成本中据实列支			

续上表

排查内容（《安全生产法》有关条款）		排查(检查)情况	治理措施	备注
第二十四条	运输单位,应当设置安全生产管理机构或者配备专职安全生产管理人员			
第二十六条	生产经营单位作出涉及安全生产的经营决策,应当听取安全生产管理机构以及安全生产管理人员的意见			
	生产经营单位不得因安全生产管理人员依法履行职责而降低其工资、福利等待遇或者解除与其订立的劳动合同			
第二十八条	生产经营单位应当对从业人员进行安全生产教育和培训,保证从业人员具备必要的安全生产知识,熟悉有关的安全生产规章制度和安全操作规程,掌握本岗位的安全操作技能,了解事故应急处理措施,知悉自身在安全生产方面的权利和义务			
	未经安全生产教育和培训合格的从业人员,不得上岗作业			
	生产经营单位应当建立安全生产教育和培训档案,如实记录安全生产教育和培训的时间、内容、参加人员以及考核结果等情况			
第三十条	生产经营单位的特种作业人员必须按照国家有关规定经专门的安全作业培训,取得相应资格,方可上岗作业			
第三十七条	生产经营单位使用的危险物品的容器、运输工具……必须按照国家有关规定,由专业生产单位生产,并经具有专业资质的检测、检验机构检测、检验合格,取得安全使用证或者安全标志,方可投入使用。检测、检验机构对检测、检验结果负责			
第三十九条	运输危险物品的,由有关主管部门依照有关法律、法规的规定和国家标准或者行业标准审批并实施监督管理			
	运输危险物品,必须执行有关法律、法规和国家标准或者行业标准,建立专门的安全管理制度,采取可靠的安全措施,接受有关主管部门依法实施的监督管理			
第四十条	生产经营单位对重大危险源应当登记建档,进行定期检测、评估、监控,制定应急预案,告知从业人员和相关人员在紧急情况下应当采取的应急措施			

续上表

排查内容 (《安全生产法》有关条款)		排查(检查)情况	治理措施	备注
第四十一条	生产经营单位应当建立安全风险分级管控制度,按照安全风险分级采取相应的管控措施			
	生产经营单位应当建立健全并落实生产安全事故隐患排查治理制度,采取技术、管理措施,及时发现并消除事故隐患。事故隐患排查治理情况应当如实记录,并通过职工大会或者职工代表大会、信息公示栏等方式向从业人员通报。其中,重大事故隐患排查治理情况应当及时向负有安全生产监督管理职责的部门和职工大会或者职工代表大会报告			
第四十四条	生产经营单位应当教育和督促从业人员严格执行本单位的安全生产规章制度和安全操作规程			
	生产经营单位向从业人员如实告知作业场所和工作岗位存在的危险因素、防范措施以及事故应急措施			
	生产经营单位应当关注从业人员的身体、心理状况和行为习惯,加强对从业人员的心理疏导、精神慰藉,严格落实岗位安全生产责任,防范从业人员行为异常导致事故发生			
第四十五条	生产经营单位必须为从业人员提供符合国家标准或者行业标准的劳动防护用品,并监督、教育从业人员按照使用规则佩戴、使用			
第四十七条	生产经营单位应当安排用于配备劳动防护用品、进行安全生产培训的经费			
第四十九条	生产经营单位不得将生产经营项目、场所、设备发包或者出租给不具备安全生产条件或者相应资质的单位或者个人			
第五十一条	生产经营单位必须依法参加工伤保险,为从业人员缴纳保险费			
	国家鼓励生产经营单位投保安全生产责任保险;属于国家规定的高危行业、领域的生产经营单位,应当投保安全生产责任保险			
第五十二条	生产经营单位与从业人员订立的劳动合同,应当载明有关保障从业人员劳动安全、防止职业危害的事项,以及依法为从业人员办理工伤保险的事项			
	生产经营单位不得以任何形式与从业人员订立协议,免除或者减轻其对从业人员因生产安全事故伤亡依法应承担的责任			

续上表

排查内容 (《安全生产法》有关条款)		排查(检查)情况	治理措施	备注
第五十四条	生产经营单位不得因从业人员对本单位安全生产工作提出批评、检举、控告或者拒绝违章指挥、强令冒险作业而降低其工资、福利等待遇或者解除与其订立的劳动合同			
第五十五条	生产经营单位不得因从业人员在前款紧急情况下停止作业或者采取紧急撤离措施而降低其工资、福利等待遇或者解除与其订立的劳动合同			
第五十六条	生产经营单位发生生产安全事故后,应当及时采取措施救治有关人员			
第八十一条	生产经营单位应当制定本单位生产安全事故应急救援预案,与所在地县级以上地方人民政府组织制定的生产安全事故应急救援预案相衔接,并定期组织演练			
第八十二条	危险物品运输单位应当配备必要的应急救援器材、设备和物资,并进行经常性维护、保养,保证正常运转			
第八十三条	单位负责人接到事故报告后,应当迅速采取有效措施,组织抢救,防止事故扩大,减少人员伤亡和财产损失,并按照国家有关规定立即如实报告当地负有安全生产监督管理职责的部门,不得隐瞒不报、谎报或者迟报,不得故意破坏事故现场、毁灭有关证据			

2.1.3 建立健全全员安全生产责任制

《安全生产法》第四条规定,生产经营单位应建立健全全员安全生产责任制。

1) 必须建立全员安全生产责任制

全员安全生产责任制是企业主要负责人及其他从业人员(全员)在安全生产方面应负的责任,是根据我国的安全生产方针"安全第一,预防为主,综合治理"和安全生产法规建立的各级领导、职能部门、工程技术人员、岗位操作人员在劳动生产过程中对安全生产层层负责的制度,是企业岗位责任制的一个组成部分,是企业中最基本的一项安全制度,也是企业安全生产、劳动保护管理制度的核心。

实践证明,凡是建立、健全全员安全生产责任制的企业,各级领导重视安全生产、劳动保护工作,切实贯彻执行党的安全生产、劳动保护方针、政策和国家的安全生产、劳动保护法规,在认真、负责地组织生产的同时,积极采取措施,改善劳动条件,工伤事故和职业性疾病就会减少。反之,就会职责不清,相互推诿,使得安全生产、劳动保护工作无人负责,无法进行,工伤事故与职业性疾病不断发生。

2) 必须健全全员安全生产责任制

企业全员安全生产责任制应至少包括下列内容:总则、安全生产目标(目标设定、目标执行、目标监督检查)、安全生产管理机构(安全生产机构设置、安全生产机构职责、安全生产管理部门职责、其他职能部门职责等)、安全生产岗位、安全生产责任考核、安全生产责任奖惩、附则等。

3) 必须落实全员安全生产责任制

企业全员安全生产责任制建立后,还必须建立相应的监督考核机制,强化安全生产目标管理,细化绩效考核标准,并严格履职考核和责任追究,来确保责任制的有效落实。《安全生产法》第二十二条第二款规定,生产经营单位应当建立相应的机制,加强对全员安全生产责任制落实情况的监督考核,保证全员安全生产责任制的落实。

安全生产管理机构或专职安全生产管理人员要定期对企业安全生产情况进行监督考核,定期向董事会、业绩考核部门报告考核结果,并与业绩考核和奖惩、晋升制度挂钩。报告主要包括企业安全生产总体状况、安全生产责任制落实情况、隐患排查治理情况等内容。

道路运输企业可参考表2-2,在"企业建立健全全员安全生产责任制"方面开展隐患排查治理工作。

企业建立健全全员安全生产责任制　　　　　　　　　　　表2-2

主要负责人签字:　　　　　　　　　　　　　日期:
安全生产管理人员签字:　　　　　　　　　　日期:

	排查内容 (《安全生产法》有关条款)	排查(检查)情况	治理措施	备注
第四条	建立健全全员安全生产责任制和安全生产规章制度			
第二十一条	建立健全并落实本单位全员安全生产责任制,加强安全生产标准化建设			

2.1.4　安全生产岗位职责

道路运输企业"安全生产岗位"主要有企业主要负责人、安全生产管理机构或安全生产管理人员,以及从业人员(驾驶员等)。

1) 主要负责人

企业的安全生产工作能不能做好,关键在于主要负责人。实践表明,凡是企业主要负责人高度重视的、亲自动手抓的,安全生产工作就能够得到切实有效地加强和改进,反之不然。因此,必须明确企业主要负责人的安全生产责任,促使其高度重视安全生产工作,保证企业安全生产工作得以统一部署、指挥、推动、督促。

《安全生产法》第五条规定,生产经营单位的主要负责人是本单位安全生产第一责任人,对本单位的安全生产工作全面负责……第二十一条规定了企业主要负责人对安全生产工作负有的各项职责。

道路运输企业可参考表2-3,在"主要负责人的岗位职责"方面开展隐患排查治理工作。

主要负责人的岗位职责　　　　　　　　　　　　　　　　表2-3

主要负责人签字：　　　　　　　　　　　　日期：

安全生产管理人员签字：　　　　　　　　　日期：

排查内容（《安全生产法》有关条款）		排查(检查)情况	治理措施	备注
第二十一条	建立健全并落实本单位全员安全生产责任制,加强安全生产标准化建设			
第二十一条	组织制定并实施本单位安全生产规章制度和操作规程			
第二十一条	组织制定并实施本单位安全生产教育和培训计划			
第二十一条	保证本单位安全生产投入的有效实施			
第二十一条	组织建立并落实安全风险分级管控和隐患排查治理双重预防工作机制,督促、检查本单位的安全生产工作,及时消除生产安全事故隐患			
第二十一条	组织制定并实施本单位的生产安全事故应急救援预案			
第二十一条	及时、如实报告生产安全事故			
第二十七条	主要负责人必须具备与本单位所从事的生产经营活动相应的安全生产知识和管理能力			
第五十条	生产经营单位发生生产安全事故时,单位的主要负责人应当立即组织抢救,并不得在事故调查处理期间擅离职守			
第八十三条	单位负责人接到事故报告后,应当迅速采取有效措施,组织抢救,防止事故扩大,减少人员伤亡和财产损失,并按照国家有关规定立即如实报告当地负有安全生产监督管理职责的部门,不得隐瞒不报、谎报或者迟报,不得故意破坏事故现场、毁灭有关证据			

2)安全生产管理机构或安全生产管理人员

《安全生产法》第二十五条规定了企业安全生产管理机构以及安全生产管理人员对安全生产工作负有的各项职责。涉及其职责的条款还有第二十六条、第二十七条等。

道路运输企业可参考表2-4,在"安全生产管理机构以及安全生产管理人员的岗位职责"方面开展隐患排查治理工作。

安全生产管理机构以及安全生产管理人员的岗位职责　　　　表2-4

主要负责人签字：　　　　　　　　　　　　　　　日期：
安全生产管理人员签字：　　　　　　　　　　　　日期：

	排查内容 (《安全生产法》有关条款)	排查(检查)情况	治理措施	备注
第二十五条	组织或者参与拟订本单位安全生产规章制度、操作规程和生产安全事故应急救援预案			
	组织或者参与本单位安全生产教育和培训，如实记录安全生产教育和培训情况			
	组织开展危险源辨识和评估，督促落实本单位重大危险源的安全管理措施			
	组织或者参与本单位应急救援演练			
	检查本单位的安全生产状况，及时排查生产安全事故隐患，提出改进安全生产管理的建议			
	制止和纠正违章指挥、强令冒险作业、违反操作规程的行为			
	督促落实本单位安全生产整改措施			
	生产经营单位可以设置专职安全生产分管负责人，协助本单位主要负责人履行安全生产管理职责			
第二十六条	生产经营单位的安全生产管理机构以及安全生产管理人员应当恪尽职守，依法履行职责			
第二十七条	安全生产管理人员必须具备与本单位所从事的生产经营活动相应的安全生产知识和管理能力			
第四十六条	生产经营单位的安全生产管理人员应当根据本单位的生产经营特点，对安全生产状况进行经常性检查；对检查中发现的安全问题，应当立即处理；不能处理的，应当及时报告本单位有关负责人，有关负责人应当及时处理。检查及处理情况应当如实记录在案			
	生产经营单位的安全生产管理人员在检查中发现重大事故隐患，依照前款规定向本单位有关负责人报告，有关负责人不及时处理的，安全生产管理人员可以向主管的负有安全生产监督管理职责的部门报告，接到报告的部门应当依法及时处理			

知识链接

一 岗 双 责

安全生产"一岗双责",是指每个工作岗位,不仅要对本岗位的业务工作负责,还要对本岗位的安全生产工作负责。

《安全生产法》第三条、第四条、第五条分别作出了关于"安全生产工作坚持中国共产党的领导""安全生产工作实行管行业必须管安全、管业务必须管安全、管生产经营必须管安全"和"其他负责人对职责范围内的安全生产工作负责"的规定,进一步强化了"一岗双责"。

落实安全生产"一岗双责":一是,所有领导班子成员对分管范围内安全生产工作承担相应职责,既要对具体分管业务工作负责,也要对分管领域内的安全生产工作负责,始终做到把安全生产与其他业务工作同研究、同部署、同督促、同检查、同考核、同问责,真正做到"两手抓、两手硬"。所有领导干部,不管在什么岗位、分管什么工作,都必须在做好本职工作的同时,担负起相应的安全生产工作责任。二是,安全生产工作是企业管理工作的重要内容,涉及企业生产经营活动的各个方面、各个环节、各个岗位。安全生产人人有责、各负其责,这是做好企业安全生产工作的重要基础。抓好安全生产工作,企业必须要按照"一岗双责""管业务必须管安全、管生产经营必须管安全"的原则,建立健全覆盖所有管理和操作岗位的安全生产责任制,明确企业所有人员在安全生产方面所应承担的职责,并建立配套的考核机制,确保责任制落实到位。

3)从业人员

道路运输企业可参考表2-5,在"从业人员的岗位职责"方面开展隐患排查治理工作。

从业人员的岗位职责　　　　　　　　　　　　　　　　　表2-5

主要负责人签字:　　　　　　　　　　　　　　日期:
安全生产管理人员签字:　　　　　　　　　　　日期:
从业人员签字:　　　　　　　　　　　　　　　日期:

排查内容 (《安全生产法》有关条款)		排查(检查)情况	治理措施	备注
第三十条	生产经营单位的特种作业人员必须按照国家有关规定经专门的安全作业培训,取得相应资格,方可上岗作业			如压力容器(气瓶、罐体)
第五十三条	从业人员有权了解其作业场所和工作岗位存在的危险因素、防范措施及事故应急措施,有权对本单位的安全生产工作提出建议			
第五十四条	从业人员有权对本单位安全生产工作中存在的问题提出批评、检举、控告;有权拒绝违章指挥和强令冒险作业			

续上表

排查内容 (《安全生产法》有关条款)		排查(检查)情况	治理措施	备注
第五十五条	从业人员发现直接危及人身安全的紧急情况时,有权停止作业或者在采取可能的应急措施后撤离作业场所			
第五十六条	因生产安全事故受到损害的从业人员,除依法享有工伤保险外,依照有关民事法律尚有获得赔偿的权利的,有权提出赔偿要求			
第五十七条	从业人员在作业过程中,应当严格落实岗位安全责任,遵守本单位的安全生产规章制度和操作规程,服从管理,正确佩戴和使用劳动防护用品			
第五十八条	从业人员应当接受安全生产教育和培训,掌握本职工作所需的安全生产知识,提高安全生产技能,增强事故预防和应急处理能力			
第五十九条	从业人员发现事故隐患或者其他不安全因素,应当立即向现场安全生产管理人员或者本单位负责人报告;接到报告的人员应当及时予以处理			
第八十三条	生产经营单位发生生产安全事故后,事故现场有关人员应当立即报告本单位负责人			

2.2 《中华人民共和国道路交通安全法》

为维护道路交通秩序,预防和减少交通事故,保护人身安全,保护公民、法人和其他组织的财产安全及其他合法权益,提高通行效率,我国制定了《中华人民共和国道路交通安全法》(以下简称《道路交通安全法》)和《中华人民共和国道路交通安全法实施条例》(以下简称《道路交通安全法实施条例》)。中华人民共和国境内的车辆驾驶员、行人、乘车人以及与道路交通活动有关的单位和个人,应当遵守《道路交通安全法》及其实施条例。

本节依据《道路交通安全法》《道路交通安全法实施条例》有关规定,指导企业在道路交通安全方面开展隐患排查治理工作。

基本概念

(1)道路是指公路、城市道路和虽在单位管辖范围但允许社会机动车通行的地方,包括广场、公共停车场等用于公众通行的场所。

(2)车辆是指机动车和非机动车。机动车是指以动力装置驱动或者牵引,上道路行驶的供人员乘用或者用于运送物品以及进行工程专项作业的轮式车辆。

依据《中华人民共和国道路运输条例》和《道路运输车辆技术管理规定》可知,从事道路运输经营的车辆应当符合"车辆技术等级应当达到二级以上"的要求,不包括"低速汽车"。

道路运输企业依据《道路交通安全法》及其实施条例开展隐患排查治理工作的要求见表2-6。

依据《道路交通安全法》及其实施条例开展隐患排查治理工作的要求　　表2-6

主要负责人签字：　　　　　　　　　　　　　　日期：
安全生产管理人员签字：　　　　　　　　　　　日期：
从业人员签字：　　　　　　　　　　　　　　　日期：

	排查内容 (《道路交通安全法》有关条款)	排查(检查)情况	治理措施	备注
第十一条	驾驶机动车上道路行驶,应当悬挂机动车号牌,放置检验合格标志、保险标志,并随车携带机动车行驶证			
	机动车号牌应当按照规定悬挂并保持清晰、完整,不得故意遮挡、污损			
第十六条	任何单位或者个人不得拼装机动车或者擅自改变机动车已登记的结构、构造或者特征			违法改装
第十九条	驾驶机动车,应当依法取得机动车驾驶证			
	驾驶人应当按照驾驶证载明的准驾车型驾驶机动车;驾驶机动车时,应当随身携带机动车驾驶证			
第二十一条	驾驶人驾驶机动车上道路行驶前,应当对机动车的安全技术性能进行认真检查			
	驾驶人不得驾驶安全设施不全或者机件不符合技术标准等具有安全隐患的机动车			
第二十二条	机动车驾驶人应当遵守道路交通安全法律、法规的规定,按照操作规范安全驾驶、文明驾驶			
	饮酒、服用国家管制的精神药品或者麻醉药品,或者患有妨碍安全驾驶机动车的疾病,或者过度疲劳影响安全驾驶的,不得驾驶机动车			
	任何人不得强迫、指使、纵容驾驶人违反道路交通安全法律、法规和机动车安全驾驶要求驾驶机动车			
第四十八条	机动车载物应当符合核定的载质量,严禁超载			重量超载
	载物的长、宽、高不得违反装载要求			尺寸超限
	不得遗洒、飘散载运物			
	机动车运载超限的不可解体的物品,影响交通安全的,应当按照公安机关交通管理部门指定的时间、路线、速度行驶,悬挂明显标志。在公路上运载超限的不可解体的物品,并应当依照公路法的规定执行			不可解体的物品,尺寸、重量超限
	机动车载运爆炸物品、易燃易爆化学物品以及剧毒、放射性等危险物品,应当经公安机关批准后,按指定的时间、路线、速度行驶,悬挂警示标志并采取必要的安全措施			

续上表

排查内容 (《道路交通安全法》有关条款)		排查(检查)情况	治理措施	备注
第四十九条	机动车载人不得超过核定的人数			客运机动车超载
	客运机动车不得违反规定载货			禁止客运机动车载货
第五十条	禁止货运机动车载客			禁止货运机动车载客
第五十一条	机动车行驶时,驾驶人、乘坐人员应当按规定使用安全带			
第五十二条	机动车在道路上发生故障,需要停车排除故障时,驾驶人应当立即开启危险报警闪光灯,将机动车移至不妨碍交通的地方停放;难以移动的,应当持续开启危险报警闪光灯,并在来车方向设置警告标志等措施扩大示警距离,必要时迅速报警			
第六十八条	机动车在高速公路上发生故障时,应当依照本法第五十二条的有关规定办理;但是,警告标志应当设置在故障车来车方向一百五十米以外,车上人员应当迅速转移到右侧路肩上或者应急车道内,并且迅速报警			
第七十条	在道路上发生交通事故,车辆驾驶人应当立即停车,保护现场;造成人身伤亡的,车辆驾驶人应当立即抢救受伤人员,并迅速报告执勤的交通警察或者公安机关交通管理部门。因抢救受伤人员变动现场的,应当标明位置。乘车人、过往车辆驾驶人、过往行人应当予以协助			
	在道路上发生交通事故,未造成人身伤亡,当事人对事实及成因无争议的,可以即行撤离现场,恢复交通,自行协商处理损害赔偿事宜;不即行撤离现场的,应当迅速报告执勤的交通警察或者公安机关交通管理部门			
	在道路上发生交通事故,仅造成轻微财产损失,并且基本事实清楚的,当事人应当先撤离现场再进行协商处理			
第七十七条	车辆在道路以外通行时发生的事故,公安机关交通管理部门接到报案的,参照本法有关规定办理			

续上表

排查内容 (《道路交通安全法实施条例》有关条款)		排查(检查)情况	治理措施	备注
第十三条	机动车号牌应当悬挂在车前、车后指定位置,保持清晰、完整。重型、中型载货汽车及其挂车、拖拉机及其挂车的车身或者车厢后部应当喷涂放大的牌号,字样应当端正并保持清晰			
	机动车检验合格标志、保险标志应当粘贴在机动车前窗右上角			
	机动车喷涂、粘贴标识或者车身广告的,不得影响安全驾驶			
第十四条	用于公路营运的载客汽车、重型载货汽车、半挂牵引车应当安装、使用符合国家标准的行驶记录仪。交通警察可以对机动车行驶速度、连续驾驶时间以及其他行驶状态信息进行检查。安装行驶记录仪可以分步实施,实施步骤由国务院机动车产品主管部门会同有关部门规定			
第五十四条	机动车载物不得超过机动车行驶证上核定的载质量,装载长度、宽度不得超出车厢,并应当遵守下列规定			
	1　重型、中型载货汽车,半挂车载物,高度从地面起不得超过4米,载运集装箱的车辆不得超过4.2米			
	2　载客汽车除车身外部的行李架和内置的行李箱外,不得载货。载客汽车行李架载货,从车顶起高度不得超过0.5米,从地面起高度不得超过4米			
第五十五条　机动车载人应当遵守下列规定	1　公路载客汽车不得超过核定的载客人数,但按照规定免票的儿童除外,在载客人数已满的情况下,按照规定免票的儿童不得超过核定载客人数的10%			
	2　载货汽车车厢不得载客。在城市道路上,货运机动车在留有安全位置的情况下,车厢内可以附载临时作业人员1人至5人;载物高度超过车厢栏板时,货物上不得载人			
第五十六条	载货汽车所牵引挂车的载质量不得超过载货汽车本身的载质量			
第六十条	机动车在道路上发生故障或者发生交通事故,妨碍交通又难以移动的,应当按照规定开启危险报警闪光灯并在车后50米至100米处设置警告标志,夜间还应当同时开启示廓灯和后位灯			

续上表

排查内容（《道路交通安全法实施条例》有关条款）			排查(检查)情况	治理措施	备注
第六十二条 驾驶机动车不得有下列行为	1	在车门、车厢没有关好时行车			
	2	在机动车驾驶室的前后窗范围内悬挂、放置妨碍驾驶人视线的物品			
	3	拨打接听手持电话、观看电视等妨碍安全驾驶的行为			
	4	下陡坡时熄火或者空挡滑行			
	5	向道路上抛撒物品			
	6	连续驾驶机动车超过4小时未停车休息或者停车休息时间少于20分钟			疲劳驾驶
	7	在禁止鸣喇叭的区域或者路段鸣喇叭			

法律责任

1)《道路交通安全法》中有关法律责任

第九十一条 饮酒后驾驶机动车的,处暂扣一个月以上三个月以下机动车驾驶证,并处二百元以上五百元以下罚款;醉酒后驾驶机动车的,由公安机关交通管理部门约束至酒醒,处十五日以下拘留和暂扣三个月以上六个月以下机动车驾驶证,并处五百元以上二千元以下罚款。

饮酒后驾驶营运机动车的,处暂扣三个月机动车驾驶证,并处五百元罚款;醉酒后驾驶营运机动车的,由公安机关交通管理部门约束至酒醒,处十五日以下拘留和暂扣六个月机动车驾驶证,并处二千元罚款。

一年内有前两款规定醉酒后驾驶机动车的行为,被处罚两次以上的,吊销机动车驾驶证,五年内不得驾驶营运机动车。

第九十二条 公路客运车辆载客超过额定乘员的,处二百元以上五百元以下罚款;超过额定乘员百分之二十或者违反规定载货的,处五百元以上二千元以下罚款。

货运机动车超过核定载质量的,处二百元以上五百元以下罚款;超过核定载质量百分之三十或者违反规定载客的,处五百元以上二千元以下罚款。

有前两款行为的,由公安机关交通管理部门扣留机动车至违法状态消除。

运输单位的车辆有本条第一款、第二款规定的情形,经处罚不改的,对直接负责的主管人员处二千元以上五千元以下罚款。

第九十五条 上道路行驶的机动车未悬挂机动车号牌,未放置检验合格标志、保险标志,或者未随车携带行驶证、驾驶证的,公安机关交通管理部门应当扣留机动车,通知当事人提供相应的牌证、标志或者补办相应手续,并可以依照本法第九十条的规定予以处罚。当事人提供相应的牌证、标志或者补办相应手续的,应当及时退还机动车。

故意遮挡、污损或者不按规定安装机动车号牌的,依照本法第九十条的规定予以处罚。

第九十九条　有下列行为之一的,由公安机关交通管理部门处二百元以上二千元以下罚款:

(一)未取得机动车驾驶证、机动车驾驶证被吊销或者机动车驾驶证被暂扣期间驾驶机动车的;

(二)将机动车交由未取得机动车驾驶证或者机动车驾驶证被吊销、暂扣的人驾驶的;

(三)造成交通事故后逃逸,尚不构成犯罪的;

(四)机动车行驶超过规定时速百分之五十的;

(五)强迫机动车驾驶人违反道路交通安全法律、法规和机动车安全驾驶要求驾驶机动车,造成交通事故,尚不构成犯罪的;

(六)违反交通管制的规定强行通行,不听劝阻的;

(七)故意损毁、移动、涂改交通设施,造成危害后果,尚不构成犯罪的;

(八)非法拦截、扣留机动车辆,不听劝阻,造成交通严重阻塞或者较大财产损失的。

行为人有前款第二项、第四项情形之一的,可以并处吊销机动车驾驶证;有第一项、第三项、第五项至第八项情形之一的,可以并处十五日以下拘留。

第一百零一条　违反道路交通安全法律、法规的规定,发生重大交通事故,构成犯罪的,依法追究刑事责任,并由公安机关交通管理部门吊销机动车驾驶证。

造成交通事故后逃逸的,由公安机关交通管理部门吊销机动车驾驶证,且终生不得重新取得机动车驾驶证。

第一百零二条　对六个月内发生二次以上特大交通事故负有主要责任或者全部责任的专业运输单位,由公安机关交通管理部门责令消除安全隐患,未消除安全隐患的机动车,禁止上道路行驶。

2)《道路交通安全法实施条例》中有关法律责任

第一百零四条　机动车驾驶人有下列行为之一,又无其他机动车驾驶人即时替代驾驶的,公安机关交通管理部门除依法给予处罚外,可以将其驾驶的机动车移至不妨碍交通的地点或者有关部门指定的地点停放:

(一)不能出示本人有效驾驶证的;

(二)驾驶的机动车与驾驶证载明的准驾车型不符的;

(三)饮酒、服用国家管制的精神药品或者麻醉药品、患有妨碍安全驾驶的疾病,或者过度疲劳仍继续驾驶的;

(四)学习驾驶员没有教练人员随车指导单独驾驶的。

第一百零五条　机动车驾驶人有饮酒、醉酒、服用国家管制的精神药品或者麻醉药品嫌疑的,应当接受测试、检验。

第一百零六条　公路客运载客汽车超过核定乘员、载货汽车超过核定载质量的,公安机关交通管理部门依法扣留机动车后,驾驶人应当将超载的乘车人转运、将超载的货物卸载,费用由超载机动车的驾驶人或者所有人承担。

2.3 《中华人民共和国刑法》

为惩罚犯罪,保护人民,根据宪法,结合我国同犯罪作斗争的具体经验及实际情况,我国制定了《中华人民共和国刑法》(以下简称《刑法》)。

本节依据《刑法》有关规定,指导企业开展生产安全事故隐患排查治理工作。

企业及相关人员执行涉及交通肇事罪、危险驾驶罪、重大责任事故罪、强令违章冒险作业罪、重大劳动安全事故罪、危险物品肇事罪、不报及谎报安全事故罪等方面的承诺书见表2-7。

执行《刑法》涉及道路交通安全管理规定的承诺书　　　　表2-7

《刑法》有关条款		承诺人员	备注
第一百三十三条	违反交通运输管理法规,因而发生重大事故,致人重伤、死亡或者使公私财产遭受重大损失的,处三年以下有期徒刑或者拘役;交通运输肇事后逃逸或者有其他特别恶劣情节的,处三年以上七年以下有期徒刑;因逃逸致人死亡的,处七年以上有期徒刑	驾驶员	交通肇事罪
第一百三十三条之一	在道路上驾驶机动车,有下列情形之一的,处拘役,并处罚金: (一)追逐竞驶,情节恶劣的; (二)醉酒驾驶机动车的; (三)从事校车业务或者旅客运输,严重超过额定乘员载客,或者严重超过规定时速行驶的; (四)违反危险化学品安全管理规定运输危险化学品,危及公共安全的	驾驶员	危险驾驶罪
	机动车所有人、管理人对前款第三项、第四项行为负有直接责任的,依照前款的规定处罚	企业主要负责人、安全生产管理人员	
	有前两款行为,同时构成其他犯罪的,依照处罚较重的规定定罪处罚		

续上表

《刑法》有关条款		承诺人员	备注
第一百三十四条	在生产、作业中违反有关安全管理的规定,因而发生重大伤亡事故或者造成其他严重后果的,处三年以下有期徒刑或者拘役;情节特别恶劣的,处三年以上七年以下有期徒刑		重大责任事故罪
	强令他人违章冒险作业,因而发生重大伤亡事故或者造成其他严重后果的,处五年以下有期徒刑或者拘役;情节特别恶劣的,处五年以上有期徒刑	企业主要负责人、安全生产管理人员	强令违章冒险作业罪
第一百三十五条	安全生产设施或者安全生产条件不符合国家规定,因而发生重大伤亡事故或者造成其他严重后果的,对直接负责的主管人员和其他直接责任人员,处三年以下有期徒刑或者拘役;情节特别恶劣的,处三年以上七年以下有期徒刑	企业主要负责人、安全生产管理人员	重大劳动安全事故罪
第一百三十六条	违反爆炸性、易燃性、放射性、毒害性、腐蚀性物品的管理规定,在生产、储存、运输、使用中发生重大事故,造成严重后果的,处三年以下有期徒刑或者拘役;后果特别严重的,处三年以上七年以下有期徒刑	企业主要负责人、安全生产管理人员、驾驶员	危险物品肇事罪
第一百三十九条	违反消防管理法规,经消防监督机构通知采取改正措施而拒绝执行,造成严重后果的,对直接责任人员,处三年以下有期徒刑或者拘役;后果特别严重的,处三年以上七年以下有期徒刑	企业主要负责人、安全生产管理人员	消防责任事故罪
第一百三十九条之一	在安全事故发生后,负有报告职责的人员不报或者谎报事故情况,贻误事故抢救,情节严重的,处三年以下有期徒刑或者拘役;情节特别严重的,处三年以上七年以下有期徒刑	企业主要负责人	不报、谎报安全事故罪

2.4 《中华人民共和国消防法》

为预防火灾和减少火灾危害,加强应急救援工作,保护人身、财产安全,维护公共安全,我国制定了《中华人民共和国消防法》。我国消防工作贯彻预防为主、防消结合的方针。按照政府统一领导、部门依法监管、单位全面负责、公民积极参与的原则,实行消防安全责任制,建立健全社会化的消防工作网络。

基本概念

（1）消防设施，是指火灾自动报警系统、自动灭火系统、消火栓系统、防烟排烟系统以及应急广播和应急照明、安全疏散设施等。

（2）消防产品，是指专门用于火灾预防、灭火救援和火灾防护、避难、逃生的产品。

（3）公众聚集场所，是指宾馆、饭店、商场、集贸市场、客运车站候车室、客运码头候船厅、民用机场航站楼、体育场馆、会堂以及公共娱乐场所等。

（4）人员密集场所，是指公众聚集场所，医院的门诊楼、病房楼，学校的教学楼、图书馆、食堂和集体宿舍，养老院、福利院，托儿所、幼儿园，公共图书馆的阅览室，公共展览馆、博物馆的展示厅，劳动密集型企业的生产加工车间和员工集体宿舍，旅游、宗教活动场所等。

道路运输企业依据《中华人民共和国消防法》开展隐患排查治理工作的要求见表2-8。

依据《中华人民共和国消防法》开展隐患排查治理工作的要求　　　　表2-8

主要负责人签字：　　　　　　　　　　　　　　日期：
安全生产管理人员签字：　　　　　　　　　　　日期：
从业人员签字：　　　　　　　　　　　　　　　日期：

		排查内容 （《中华人民共和国消防法》有关条款）	排查(检查)情况	治理措施	备注
第十六条 机关、团体、企业、事业等单位应当履行下列消防安全职责	1	落实消防安全责任制			
	2	制定本单位的消防安全制度			
	3	制定消防安全操作规程			
	4	制定灭火和应急疏散预案			
	5	按照国家标准、行业标准配置消防设施、器材，设置消防安全标志			
	6	定期组织检验、维修，确保完好有效			
	7	对建筑消防设施每年至少进行一次全面检测，确保完好有效，检测记录应当完整准确，存档备查			
	8	保障疏散通道、安全出口、消防车通道畅通，保证防火防烟分区、防火间距符合消防技术标准			
	9	组织防火检查，及时消除火灾隐患			
	10	组织进行有针对性的消防演练			
		……			

续上表

排查内容 (《中华人民共和国消防法》有关条款)		排查(检查)情况	治理措施	备注
第二十三条	运输易燃易爆危险品,必须执行消防技术标准和管理规定			
第四十一条	机关、团体、企业、事业等单位以及村民委员会、居民委员会根据需要,建立志愿消防队等多种形式的消防组织,开展群众性自防自救工作			

⚖ 法律责任

第六十条 单位违反本法规定,有下列行为之一的,责令改正,处五千元以上五万元以下罚款:

(一)消防设施、器材或者消防安全标志的配置、设置不符合国家标准、行业标准,或者未保持完好有效的;

(二)损坏、挪用或者擅自拆除、停用消防设施、器材的;

(三)占用、堵塞、封闭疏散通道、安全出口或者有其他妨碍安全疏散行为的;

(四)埋压、圈占、遮挡消火栓或者占用防火间距的;

(五)占用、堵塞、封闭消防车通道,妨碍消防车通行的;

(六)人员密集场所在门窗上设置影响逃生和灭火救援的障碍物的;

(七)对火灾隐患经公安机关消防机构通知后不及时采取措施消除的。

个人有前款第二项、第三项、第四项、第五项行为之一的,处警告或者五百元以下罚款。

有本条第一款第三项、第四项、第五项、第六项行为,经责令改正拒不改正的,强制执行,所需费用由违法行为人承担。

第六十二条 有下列行为之一的,依照《中华人民共和国治安管理处罚法》的规定处罚:

(一)违反有关消防技术标准和管理规定生产、储存、运输、销售、使用、销毁易燃易爆危险品的;

(二)非法携带易燃易爆危险品进入公共场所或者乘坐公共交通工具的;
……

第六十七条 ……企业违反本法第十六条的,责令限期改正;逾期不改正的,对其直接负责的主管人员和其他直接责任人员依法给予处分或者给予警告处罚。

2.5 《中华人民共和国突发事件应对法》

为预防和减少突发事件的发生,控制、减轻和消除突发事件引起的严重社会危害,规范突发事件应对活动,保护人民生命财产安全,维护国家安全、公共安全、环境安全和社会秩序,我国制定了《中华人民共和国突发事件应对法》(以下简称《突发事件应对法》)。

> **基本概念**
>
> （1）突发事件,是指突然发生,造成或者可能造成严重社会危害,需要采取应急处置措施予以应对的自然灾害、事故灾难、公共卫生事件和社会安全事件。
>
> （2）突发事件的分级。按照社会危害程度、影响范围等因素,自然灾害、事故灾难、公共卫生事件分为特别重大、重大、较大和一般四级。法律、行政法规或者国务院另有规定的,从其规定。突发事件的分级标准由国务院或者国务院确定的部门制定。
>
> （3）突发事件的工作原则。突发事件应对工作实行预防为主、预防与应急相结合的原则。

道路运输企业依据《突发事件应对法》开展隐患排查治理工作的要求见表2-9。

依据《突发事件应对法》开展隐患排查治理工作的要求　　　　表2-9

主要负责人签字:　　　　　　　　　　　　　　　日期:
安全生产管理人员签字:　　　　　　　　　　　　日期:
从业人员签字:　　　　　　　　　　　　　　　　日期:

	排查内容 (《突发事件应对法》有关条款)	排查(检查)情况	治理措施	备注
第二十一条	应当建立健全安全管理制度,定期检查本单位各项安全防范措施的落实情况,及时消除事故隐患			预防与应急准备
	掌握并及时处本单位存在的可能引发社会安全事件的问题,防止矛盾激化和事态扩大			
	对本单位可能发生的突发事件和采取安全防范措施的情况,应当按照规定及时向所在地人民政府或者人民政府有关部门报告			
第二十四条	公共交通工具、公共场所和其他人员密集场所的经营单位或者管理单位应当制定具体应急预案,为交通工具和有关场所配备报警装置和必要的应急救援设备、设施,注明其使用方法,并显著标明安全撤离的通道、路线,保证安全通道、出口的畅通。有关单位应当定期检测、维护其报警装置和应急救援设备、设施,使其处于良好状态,确保正常使用			

法律责任

第六十六条 单位或者个人违反本法规定,不服从所在地人民政府及其有关部门发布的决定、命令或者不配合其依法采取的措施,构成违反治安管理行为的,由公安机关依法给予处罚。

第六十七条 单位或者个人违反本法规定,导致突发事件发生或者危害扩大,给他人人身、财产造成损害的,应当依法承担民事责任。

2.6 《中华人民共和国反恐怖主义法》

为防范和惩治恐怖活动,加强反恐怖主义工作,维护国家安全、公共安全和人民生命财产安全,我国制定了《中华人民共和国反恐怖主义法》。

基本概念

(1)恐怖主义,是指通过暴力、破坏、恐吓等手段,制造社会恐慌、危害公共安全、侵犯人身财产,或者胁迫国家机关、国际组织,以实现其政治、意识形态等目的的主张和行为。

(2)恐怖活动,是指恐怖主义性质的下列行为:

①组织、策划、准备实施、实施造成或者意图造成人员伤亡、重大财产损失、公共设施损坏、社会秩序混乱等严重社会危害的活动的;

②宣扬恐怖主义,煽动实施恐怖活动,或者非法持有宣扬恐怖主义的物品,强制他人在公共场所穿戴宣扬恐怖主义的服饰、标志的;

③组织、领导、参加恐怖活动组织的;

④为恐怖活动组织、恐怖活动人员、实施恐怖活动或者恐怖活动培训提供信息、资金、物资、劳务、技术、场所等支持、协助、便利的;

⑤其他恐怖活动。

(3)恐怖活动组织,是指三人以上为实施恐怖活动而组成的犯罪组织。

(4)恐怖活动人员,是指实施恐怖活动的人和恐怖活动组织的成员。

(5)恐怖事件,是指正在发生或者已经发生的造成或者可能造成重大社会危害的恐怖活动。

(6)恐怖活动组织和人员。国家反恐怖主义工作领导机构依据《反恐怖主义法》第三条的规定,认定恐怖活动组织和人员,由国家反恐怖主义工作领导机构的办事机构予以公告。

道路运输企业依据《中华人民共和国反恐怖主义法》开展隐患排查治理工作的要求见表2-10。

依据《中华人民共和国反恐怖主义法》开展隐患排查治理工作的要求　　表 2-10

主要负责人签字：　　　　　　　　　　　　　　　日期：
安全生产管理人员签字：　　　　　　　　　　　　日期：
从业人员签字：　　　　　　　　　　　　　　　　日期：

	排查内容 （《中华人民共和国反恐怖主义法》有关条款）		排查（检查）情况	治理措施	备注
第二十条	公路的货运和快递等物流运营单位应当实行安全查验制度				
	1	对客户身份进行查验			客户身份、物品的安全查验制度
	2	依照规定对运输、寄递物品进行安全检查或者开封验视			
	对禁止运输、寄递，存在重大安全隐患，或者客户拒绝安全查验的物品，不得运输、寄递				禁运条款
	物流运营单位，应当实行运输、寄递客户身份、物品信息登记制度				信息登记制度
第二十一条	长途客运、机动车租赁等业务经营者、服务提供者，应当对客户身份进行查验。对身份不明或者拒绝身份查验的，不得提供服务				
第二十二条	运输单位应当依照规定对运营中的危险化学品、民用爆炸物品、核与放射物品的运输工具通过定位系统实行监控				

> **⚖ 法律责任**
>
> 第八十五条　铁路、公路、水上、航空的货运和邮政、快递等物流运营单位有下列情形之一的，由主管部门处十万元以上五十万元以下罚款，并对其直接负责的主管人员和其他直接责任人员处十万元以下罚款：
>
> （一）未实行安全查验制度，对客户身份进行查验，或者未依照规定对运输、寄递物品进行安全检查或者开封验视的；
>
> （二）对禁止运输、寄递，存在重大安全隐患，或者客户拒绝安全查验的物品予以运输、寄递的；
>
> （三）未实行运输、寄递客户身份、物品信息登记制度的。
>
> 第八十七条　违反本法规定，有下列情形之一的，由主管部门给予警告，并责令改正；拒不改正的，处十万元以下罚款，并对其直接负责的主管人员和其他直接责任人员处一万元以下罚款：(二)未依照规定对运营中的危险化学品、民用爆炸物品、核与放射物品的运输工具通过定位系统实行监控的。

2.7 《中华人民共和国职业病防治法》

为预防、控制和消除职业病危害，防治职业病，保护劳动者健康及其相关权益，促进经济社会发展,我国制定了《中华人民共和国职业病防治法》(以下简称《职业病防治法》)。

 基本概念

（1）职业病,是指企业、事业单位和个体经济组织等用人单位的劳动者在职业活动中,因接触粉尘、放射性物质和其他有毒、有害因素而引起的疾病。

职业病的分类和目录由国务院卫生行政部门会同国务院劳动保障行政部门制定、调整并公布。

（2）职业病危害,是指对从事职业活动的劳动者可能导致职业病的各种危害。职业病危害因素包括:职业活动中存在的各种有害的化学、物理、生物因素以及在作业过程中产生的其他职业有害因素。

（3）职业病防治工作原则。职业病防治工作坚持预防为主、防治结合的方针,建立用人单位负责、行政机关监管、行业自律、职工参与和社会监督的机制,实行分类管理、综合治理。

依据《职业病防治法》第三十九条,劳动者依法享有下列职业卫生保护的权利:

（1）获得职业卫生教育、培训;

（2）获得职业健康检查、职业病诊疗、康复等职业病防治服务;

（3）了解工作场所产生或者可能产生的职业病危害因素、危害后果和应当采取的职业病防护措施;

（4）要求用人单位提供符合防治职业病要求的职业病防护设施和个人使用的职业病防护用品,改善工作条件;

（5）对违反职业病防治法律、法规以及危及生命健康的行为提出批评、检举和控告;

（6）拒绝违章指挥和强令进行没有职业病防护措施的作业;

（7）参与用人单位职业卫生工作的民主管理,对职业病防治工作提出意见和建议。

用人单位应当保障劳动者行使前款所列权利。因劳动者依法行使正当权利而降低其工资、福利等待遇或者解除、终止与其订立的劳动合同的,其行为无效。

道路运输企业依据《职业病防治法》开展隐患排查治理工作的要求见表2-11。

依据《职业病防治法》开展隐患排查治理工作的要求　　　　表2-11

主要负责人签字：　　　　　　　　　　　　　　日期：
安全生产管理人员签字：　　　　　　　　　　　日期：
从业人员签字：　　　　　　　　　　　　　　　日期：

	排查内容 (《职业病防治法》有关条款)	排查(检查)情况	治理措施	备注
第四条	用人单位应当为劳动者创造符合国家职业卫生标准和卫生要求的工作环境和条件,并采取措施保障劳动者获得职业卫生保护			

续上表

排查内容 (《职业病防治法》有关条款)		排查(检查)情况	治理措施	备注
第四条	工会组织依法对职业病防治工作进行监督,维护劳动者的合法权益			
	用人单位制定或者修改有关职业病防治的规章制度,应当听取工会组织的意见			
第五条	用人单位应当建立、健全职业病防治责任制,加强对职业病防治的管理,提高职业病防治水平,对本单位产生的职业病危害承担责任			
第六条	用人单位的主要负责人对本单位的职业病防治工作全面负责			
第七条	用人单位必须依法参加工伤保险			
第二十条 用人单位应当采取下列职业病防治管理措施	1 设置或者指定职业卫生管理机构或者组织,配备专职或者兼职的职业卫生管理人员,负责本单位的职业病防治工作			
	2 制定职业病防治计划和实施方案			
	3 建立、健全职业卫生管理制度和操作规程			
	4 建立、健全职业卫生档案和劳动者健康监护档案			
	5 建立、健全工作场所职业病危害因素监测及评价制度			
	6 建立、健全职业病危害事故应急救援预案			

⚖ 法律责任

第七十条　违反本法规定,有下列行为之一的,由安全生产监督管理部门给予警告,责令限期改正;逾期不改正的,处十万元以下的罚款:

(一)工作场所职业病危害因素检测、评价结果没有存档、上报、公布的;

(二)未采取本法第二十条规定的职业病防治管理措施的;

(三)未按照规定公布有关职业病防治的规章制度、操作规程、职业病危害事故应急救援措施的;

(四)未按照规定组织劳动者进行职业卫生培训,或者未对劳动者个人职业病防护采取指导、督促措施的;

(五)国内首次使用或者首次进口与职业病危害有关的化学材料,未按照规定报送毒性鉴定资料以及经有关部门登记注册或者批准进口的文件的。

2.8 《中华人民共和国劳动法》

为保护劳动者的合法权益,调整劳动关系,建立和维护适应社会主义市场经济的劳动制度,促进经济发展和社会进步,我国制定了《中华人民共和国劳动法》。在中华人民共和国境内的企业、个体经济组织(以下统称用人单位)和与之形成劳动关系的劳动者,应当遵守本法。

基本概念

(1)劳动者的权利。劳动者享有平等就业和选择职业的权利、取得劳动报酬的权利、休息休假的权利、获得劳动安全卫生保护的权利、接受职业技能培训的权利、享受社会保险和福利的权利、提请劳动争议处理的权利以及法律规定的其他劳动权利。

(2)劳动者的义务。劳动者应当完成劳动任务,提高职业技能,执行劳动安全卫生规程,遵守劳动纪律和职业道德。

(3)劳动合同。

①劳动合同是劳动者与用人单位确立劳动关系、明确双方权利和义务的协议。建立劳动关系应当订立劳动合同。

②订立和变更劳动合同,应当遵循平等自愿、协商一致的原则,不得违反法律、行政法规的规定。劳动合同依法订立即具有法律约束力,当事人必须履行劳动合同规定的义务。

③违反法律、行政法规的劳动合同和采取欺诈、威胁等手段订立的劳动合同无效。无效的劳动合同,从订立的时候起,就没有法律约束力。

④劳动合同应当以书面形式订立,并具备以下条款:劳动合同期限;工作内容;劳动保护和劳动条件;劳动报酬;劳动纪律;劳动合同终止的条件;违反劳动合同的责任等。

道路运输企业依据《中华人民共和国劳动法》开展隐患排查治理工作的要求见表2-12。

依据《中华人民共和国劳动法》开展隐患排查治理工作的要求　　　　表2-12

主要负责人签字:　　　　　　　　　　　　　　　　　　　日期:
安全生产管理人员签字:　　　　　　　　　　　　　　　　日期:
从业人员签字:　　　　　　　　　　　　　　　　　　　　日期:

	排查内容 (《中华人民共和国劳动法》有关条款)	排查(检查)情况	治理措施	备注
第五十二条	用人单位必须建立、健全劳动安全卫生制度			
	严格执行国家劳动安全卫生规程和标准,对劳动者进行劳动安全卫生教育,防止劳动过程中的事故,减少职业危害			信息登记制度

续上表

排查内容 (《中华人民共和国劳动法》有关条款)		排查(检查)情况	治理措施	备注
第五十四条	用人单位必须为劳动者提供符合国家规定的劳动安全卫生条件和必要的劳动防护用品,对从事有职业危害作业的劳动者应当定期进行健康检查			
第五十六条	劳动者在劳动过程中必须严格遵守安全操作规程			

⚖ 法律责任

第八十九条　用人单位制定的劳动规章制度违反法律、法规规定的,由劳动行政部门给予警告,责令改正;对劳动者造成损害的,应当承担赔偿责任。

第九十条　用人单位违反本法规定,延长劳动者工作时间的,由劳动行政部门给予警告,责令改正,并可以处以罚款。

第九十一条　用人单位有下列侵害劳动者合法权益情形之一的,由劳动行政部门责令支付劳动者的工资报酬、经济补偿,并可以责令支付赔偿金:

(一)克扣或者无故拖欠劳动者工资的;

(二)拒不支付劳动者延长工作时间工资报酬的;

(三)低于当地最低工资标准支付劳动者工资的;

(四)解除劳动合同后,未依照本法规定给予劳动者经济补偿的。

第九十二条　用人单位的劳动安全设施和劳动卫生条件不符合国家规定或者未向劳动者提供必要的劳动防护用品和劳动保护设施的,由劳动行政部门或者有关部门责令改正,可以处以罚款;情节严重的,提请县级以上人民政府决定责令停产整顿;对事故隐患不采取措施,致使发生重大事故,造成劳动者生命和财产损失的,对责任人员依照刑法有关规定追究刑事责任。

第九十三条　用人单位强令劳动者违章冒险作业,发生重大伤亡事故,造成严重后果的,对责任人员依法追究刑事责任。

第九十八条　用人单位违反本法规定的条件解除劳动合同或者故意拖延不订立劳动合同的,由劳动行政部门责令改正;对劳动者造成损害的,应当承担赔偿责任。

第九十九条　用人单位招用尚未解除劳动合同的劳动者,对原用人单位造成经济损失的,该用人单位应当依法承担连带赔偿责任。

第一百条　用人单位无故不缴纳社会保险费的,由劳动行政部门责令其限期缴纳;逾期不缴的,可以加收滞纳金。

第3章 相关法规对生产安全事故隐患排查治理的要求

3.1 《中华人民共和国道路运输条例》

为维护道路运输市场秩序,保障道路运输安全,保护道路运输有关各方当事人的合法权益,促进道路运输业的健康发展,我国制定了《中华人民共和国道路运输条例》(以下简称《道路运输条例》)。从事道路运输经营以及道路运输相关业务的,应当遵守本条例。

3.1.1 许可条件

1)道路旅客运输经营许可

道路旅客运输企业(以下简称客运企业)严格执行《道路运输条例》规定的许可条件,是开展隐患排查治理工作的重点之一,见表3-1。

客运企业依据《道路运输条例》开展隐患排查治理工作的要求　　　　　表3-1

主要负责人签字:　　　　　　　　　　　　　　　日期:
安全生产管理人员签字:　　　　　　　　　　　　日期:

排查内容			排查(检查)情况	治理措施	备注
《道路运输条例》有关条款					
第八条 申请从事客运经营的,应当具备下列条件	1	有与其经营业务相适应并经检测合格的车辆			
	2	有符合本条例第九条规定条件的驾驶员			
	3	有健全的安全生产管理制度			
	4	申请从事班线客运经营的,还应当有明确的线路和站点方案			
第九条 从事客运经营的驾驶员,应当符合下列条件	1	取得相应的机动车驾驶证			
	2	年龄不超过60周岁			
	3	3年内无重大以上交通责任事故记录			
	4	经设区的市级道路运输管理机构对有关客运法律法规、机动车维修和旅客急救基本知识考试合格			

2)普通货物运输经营许可

普通货物运输企业严格执行《道路运输条例》规定的许可条件,是开展隐患排查治理工作的重点之一,见表3-2。

普通货物运输企业依据《道路运输条例》开展隐患排查治理工作的要求　　表3-2

主要负责人签字：　　　　　　　　　　　　　　日期：
安全生产管理人员签字：　　　　　　　　　　　日期：

		排查内容 《道路运输条例》有关条款	排查(检查)情况	治理措施	备注
第二十一条 申请从事货运经营的,应当具备下列条件	1	有与其经营业务相适应并经检测合格的车辆			
	2	有符合本条例第二十二条规定条件的驾驶员			
	3	有健全的安全生产管理制度			
第二十二条 从事货运经营的驾驶员,应当符合下列条件	1	取得相应的机动车驾驶证			
	2	年龄不超过60周岁			
	3	经设区的市级道路运输管理机构对有关货运法律法规、机动车维修和货物装载保管基本知识考试合格(使用总质量4500千克及以下普通货运车辆的驾驶员除外)			

3) 危险货物运输经营许可

危险货物道路运输企业严格执行《道路运输条例》规定的许可条件,是开展隐患排查治理工作的重点之一,见表3-3。

危险货物道路运输企业依据《道路运输条例》开展隐患排查治理工作的要求　　表3-3

主要负责人签字：　　　　　　　　　　　　　　日期：
安全生产管理人员签字：　　　　　　　　　　　日期：

		排查内容 《道路运输条例》有关条款	排查(检查)情况	治理措施	备注
第二十三条 申请从事危险货物运输经营的,还应当具备下列条件	1	有5辆以上经检测合格的危险货物运输专用车辆、设备			
	2	有经所在地设区的市级人民政府交通主管部门考试合格,取得上岗资格证的驾驶员、装卸管理人员、押运人员			
	3	危险货物运输专用车辆配有必要的通信工具			
	4	有健全的安全生产管理制度			

3.1.2 其他规定

道路运输企业依据《道路运输条例》的其他规定,开展隐患排查治理工作的要求见表3-4。

道路运输企业依据《道路运输条例》开展隐患排查治理工作的要求　　　表3-4

主要负责人签字：　　　　　　　　　　　　　　　　日期：
安全生产管理人员签字：　　　　　　　　　　　　　日期：

排查内容	《道路运输条例》有关条款	排查(检查)情况	治理措施	备注
第二十八条	客运经营者、货运经营者应当加强对从业人员的安全教育、职业道德教育，确保道路运输安全			
	道路运输从业人员应当遵守道路运输操作规程，不得违章作业。驾驶员连续驾驶时间不得超过4个小时			
第二十九条	生产（改装）客运车辆、货运车辆的企业应当按照国家规定标定车辆的核定人数或者载重量，严禁多标或者少标车辆的核定人数或者载重量			
	客运经营者、货运经营者应当使用符合国家规定标准的车辆从事道路运输经营			
第三十条	客运经营者、货运经营者应当加强对车辆的维护和检测，确保车辆符合国家规定的技术标准；不得使用报废的、擅自改装的和其他不符合国家规定的车辆从事道路运输经营			
第三十一条	客运经营者、货运经营者应当制定有关交通事故、自然灾害以及其他突发事件的道路运输应急预案。应急预案应当包括报告程序、应急指挥、应急车辆和设备的储备以及处置措施等内容			
第三十二条	发生交通事故、自然灾害以及其他突发事件，客运经营者和货运经营者应当服从县级以上人民政府或者有关部门的统一调度、指挥			
第三十三条	道路运输车辆应当随车携带车辆营运证，不得转让、出租			
第三十四条	道路运输车辆运输旅客的，不得超过核定的人数，不得违反规定载货；运输货物的，不得运输旅客，运输的货物应当符合核定的载重量，严禁超载；载物的长、宽、高不得违反装载要求			
	违反前款规定的，由公安机关交通管理部门依照《中华人民共和国道路交通安全法》的有关规定进行处罚			
第三十五条	客运经营者、危险货物运输经营者应当分别为旅客或者危险货物投保承运人责任险			

法律责任

第六十三条 违反本条例的规定,有下列情形之一的,由县级以上地方人民政府交通运输主管部门责令停止经营,并处罚款;构成犯罪的,依法追究刑事责任:

(一)未取得道路运输经营许可,擅自从事道路普通货物运输经营,违法所得超过1万元的,没收违法所得,处违法所得1倍以上5倍以下的罚款;没有违法所得或者违法所得不足1万元的,处3000元以上1万元以下的罚款,情节严重的,处1万元以上5万元以下的罚款;

(二)未取得道路运输经营许可,擅自从事道路客运经营,违法所得超过2万元的,没收违法所得,处违法所得2倍以上10倍以下的罚款;没有违法所得或者违法所得不足2万元的,处1万元以上10万元以下的罚款;

(三)未取得道路运输经营许可,擅自从事道路危险货物运输经营,违法所得超过2万元的,没收违法所得,处违法所得2倍以上10倍以下的罚款;没有违法所得或者违法所得不足2万元的,处3万元以上10万元以下的罚款。

第六十四条 不符合本条例第九条、第二十二条规定条件的人员驾驶道路运输经营车辆的,由县级以上道路运输管理机构责令改正,处200元以上2000元以下的罚款;构成犯罪的,依法追究刑事责任。

第六十六条 违反本条例的规定,客运经营者、货运经营者、道路运输相关业务经营者非法转让、出租道路运输许可证件的,由县级以上道路运输管理机构责令停止违法行为,收缴有关证件,处2000元以上1万元以下的罚款;有违法所得的,没收违法所得。

第六十七条 违反本条例的规定,客运经营者、危险货物运输经营者未按规定投保承运人责任险的,由县级以上道路运输管理机构责令限期投保;拒不投保的,由原许可机关吊销道路运输经营许可证。

第六十八条 违反本条例的规定,客运经营者有下列情形之一的,由县级以上地方人民政府交通运输主管部门责令改正,处1000元以上2000元以下的罚款;情节严重的,由原许可机关吊销道路运输经营许可证:

(一)不按批准的客运站点停靠或者不按规定的线路、公布的班次行驶的;

(二)在旅客运输途中擅自变更运输车辆或者将旅客移交他人运输的;

(三)未报告原许可机关,擅自终止客运经营的。

客运经营者强行招揽旅客,货运经营者强行招揽货物或者没有采取必要措施防止货物脱落、扬撒等的,由县级以上地方人民政府交通运输主管部门责令改正,处1000元以上3000元以下的罚款;情节严重的,由原许可机关吊销道路运输经营许可证。

第六十九条 违反本条例的规定,客运经营者、货运经营者不按规定维护和检测运输车辆的,由县级以上道路运输管理机构责令改正,处1000元以上5000元以下的罚款。

违反本条例的规定,客运经营者、货运经营者擅自改装已取得车辆营运证的车辆的,由县级以上道路运输管理机构责令改正,处5000元以上2万元以下的罚款。

3.2 《生产安全事故应急条例》

为规范生产安全事故应急工作,保障人民群众生命和财产安全,依据《安全生产法》和《突发事件应对法》,我国制定了《生产安全事故应急条例》。中华人民共和国境内生产安全事故应急工作,应当遵守本法。生产经营单位应当加强生产安全事故应急工作,建立、健全生产安全事故应急工作责任制,其主要负责人对本单位的生产安全事故应急工作全面负责。

道路运输企业依据《生产安全事故应急条例》开展隐患排查治理工作的要求见表3-5。

依据《生产安全事故应急条例》开展隐患排查治理工作的要求　　表3-5

主要负责人签字：　　　　　　　　　　　　　　　　　　日期：

安全生产管理人员签字：　　　　　　　　　　　　　　　日期：

	排查内容 (《生产安全事故应急条例》有关条款)	排查(检查)情况	治理措施	备注
第四条	生产经营单位建立、健全生产安全事故应急工作责任制			
	生产经营单位主要负责人对本单位的生产安全事故应急工作全面负责			
第五条	生产经营单位应当针对本单位可能发生的生产安全事故的特点和危害,进行风险辨识和评估,制定相应的生产安全事故应急救援预案,并向本单位从业人员公布			应急准备
第六条	生产安全事故应急救援预案应当符合有关法律、法规、规章和标准的规定,具有科学性、针对性和可操作性,明确规定应急组织体系、职责分工以及应急救援程序和措施			
第七条	易燃易爆物品、危险化学品等危险物品的运输单位,城市轨道交通运营单位,应当将其制定的生产安全事故应急救援预案按照国家有关规定报送县级以上人民政府负有安全生产监督管理职责的部门备案,并依法向社会公布			
第八条	易燃易爆物品、危险化学品等危险物品运输单位,城市轨道交通运营单位,应当至少每半年组织1次生产安全事故应急救援预案演练,并将演练情况报送所在地县级以上地方人民政府负有安全生产监督管理职责的部门			
第十条	易燃易爆物品、危险化学品等危险物品的运输单位,城市轨道交通运营单位,应当建立应急救援队伍;其中,小型企业或者微型企业等规模较小的生产经营单位,可以不建立应急救援队伍,但应当指定兼职的应急救援人员,并且可以与邻近的应急救援队伍签订应急救援协议			

续上表

排查内容 (《生产安全事故应急条例》有关条款)			排查(检查)情况	治理措施	备注
第十一条		应急救援队伍的应急救援人员应当具备必要的专业知识、技能、身体素质和心理素质			
		应急救援队伍建立单位或者兼职应急救援人员所在单位应当按照国家有关规定对应急救援人员进行培训；应急救援人员经培训合格后，方可参加应急救援工作			
		应急救援队伍应当配备必要的应急救援装备和物资，并定期组织训练			
第十二条		生产经营单位应当及时将本单位应急救援队伍建立情况按照国家有关规定报送县级以上人民政府负有安全生产监督管理职责的部门，并依法向社会公布			
第十三条		易燃易爆物品、危险化学品等危险物品的运输单位，城市轨道交通运营单位，应当根据本单位可能发生的生产安全事故的特点和危害，配备必要的灭火、排水、通风以及危险物品稀释、掩埋、收集等应急救援器材、设备和物资，并进行经常性维护、保养，保证正常运转			
第十四条		危险物品的运输单位以及城市轨道交通运营单位应当建立应急值班制度，配备应急值班人员			
第十五条		生产经营单位应当对从业人员进行应急教育和培训，保证从业人员具备必要的应急知识，掌握风险防范技能和事故应急措施			
第十七条		发生生产安全事故后，生产经营单位应当立即启动生产安全事故应急救援预案，采取下列一项或者多项应急救援措施，并按照国家有关规定报告事故情况			应急救援
	1	迅速控制危险源，组织抢救遇险人员			
	2	根据事故危害程度，组织现场人员撤离或者采取可能的应急措施后撤离			
	3	及时通知可能受到事故影响的单位和人员			
	4	采取必要措施，防止事故危害扩大和次生、衍生灾害发生			
	5	根据需要请求邻近的应急救援队伍参加救援，并向参加救援的应急救援队伍提供相关技术资料、信息和处置方法			
	6	维护事故现场秩序，保护事故现场和相关证据			
	7	法律、法规规定的其他应急救援措施			

> **⚖ 法律责任**
>
> 第三十条 生产经营单位未制定生产安全事故应急救援预案、未定期组织应急救援预案演练、未对从业人员进行应急教育和培训,生产经营单位的主要负责人在本单位发生生产安全事故时不立即组织抢救的,由县级以上人民政府负有安全生产监督管理职责的部门依照《中华人民共和国安全生产法》有关规定追究法律责任。
>
> 第三十一条 生产经营单位未对应急救援器材、设备和物资进行经常性维护、保养,导致发生严重生产安全事故或者生产安全事故危害扩大,或者在本单位发生生产安全事故后未立即采取相应的应急救援措施,造成严重后果的,由县级以上人民政府负有安全生产监督管理职责的部门依照《中华人民共和国突发事件应对法》有关规定追究法律责任。
>
> 第三十二条 生产经营单位未将生产安全事故应急救援预案报送备案、未建立应急值班制度或者配备应急值班人员的,由县级以上人民政府负有安全生产监督管理职责的部门责令限期改正;逾期未改正的,处3万元以上5万元以下的罚款,对直接负责的主管人员和其他直接责任人员处1万元以上2万元以下的罚款。
>
> 第三十三条 违反本条例规定,构成违反治安管理行为的,由公安机关依法给予处罚;构成犯罪的,依法追究刑事责任。

3.3 《危险化学品安全管理条例》

为加强危险化学品的安全管理,预防和减少危险化学品事故,保障人民群众生命财产安全,保护环境,我国制定了《危险化学品安全管理条例》。危险化学品生产、储存、使用、经营和运输的安全管理适用本条例。

> **📖 基本概念**
>
> 危险化学品,是指具有毒害、腐蚀、爆炸、燃烧、助燃等性质,对人体、设施、环境具有危害的剧毒化学品和其他化学品。
>
> 危险化学品目录,由国务院安全生产监督管理部门(现为应急管理部)会同国务院工业和信息化、公安、环境保护、卫生、质量监督检验检疫、交通运输、铁路、民用航空、农业主管部门,根据化学品危险特性的鉴别和分类标准确定、公布,并适时调整。

危险货物道路运输企业依据《危险化学品安全管理条例》开展隐患排查治理工作的要求见表3-6。

基础篇　第3章　相关法规对生产安全事故隐患排查治理的要求

依据《危险化学品安全管理条例》开展隐患排查治理工作的要求　　　表3-6

主要负责人签字：　　　　　　　　　　　　　　　日期：
安全生产管理人员签字：　　　　　　　　　　　　日期：

	排查内容 (《危险化学品安全管理条例》有关条款)	排查(检查)情况	治理措施	备注
第四十三条	从事危险化学品道路运输的,应当分别依照有关道路运输的法律、行政法规的规定,取得危险货物道路运输许可			
	危险化学品道路运输企业应当配备专职安全生产管理人员			
第四十四条	危险化学品道路运输企业的驾驶员、装卸管理人员、押运人员应当经交通运输主管部门考核合格,取得从业资格			应急准备
	危险化学品的装卸作业应当遵守安全作业标准、规程和制度,并在装卸管理人员的现场指挥或者监控下进行			
第四十五条	运输危险化学品,应当根据危险化学品的危险特性采取相应的安全防护措施,并配备必要的防护用品和应急救援器材			
	用于运输危险化学品的槽罐以及其他容器应当封口严密,能够防止危险化学品在运输过程中因温度、湿度或者压力的变化发生渗漏、洒漏;槽罐以及其他容器的溢流和泄压装置应当设置准确、起闭灵活			
	运输危险化学品的驾驶员、装卸管理人员、押运人员,应当了解所运输的危险化学品的危险特性及其包装物、容器的使用要求和出现危险情况时的应急处置方法			
第四十七条	通过道路运输危险化学品的,应当按照运输车辆的核定载质量装载危险化学品,不得超载			
	危险化学品运输车辆应当符合国家标准要求的安全技术条件,并按照国家有关规定定期进行安全技术检验			
	危险化学品运输车辆应当悬挂或者喷涂符合国家标准要求的警示标志			
第四十八条	通过道路运输危险化学品的,应当配备押运人员,并保证所运输的危险化学品处于押运人员的监控之下			
	运输危险化学品途中因住宿或者发生影响正常运输的情况,需要较长时间停车的,驾驶员、押运人员应当采取相应的安全防范措施;运输剧毒化学品或者易制爆危险化学品的,还应当向当地公安机关报告			

45

续上表

排查内容 (《危险化学品安全管理条例》有关条款)		排查(检查)情况	治理措施	备注
第五十一条	剧毒化学品、易制爆危险化学品在道路运输途中丢失、被盗、被抢或者出现流散、泄漏等情况的,驾驶员、押运人员应当立即采取相应的警示措施和安全措施,并向当地公安机关报告			
第七十条	危险化学品单位应当制定本单位危险化学品事故应急预案,配备应急救援人员和必要的应急救援器材、设备,并定期组织应急救援演练			
	危险化学品单位应当将其危险化学品事故应急预案报所在地设区的市级人民政府安全生产监督管理部门备案			应急救援
第七十一条	发生危险化学品事故,事故单位主要负责人应当立即按照本单位危险化学品应急预案组织救援,并向当地安全生产监督管理部门和环境保护、公安、卫生主管部门报告			
	道路运输过程中发生危险化学品事故的,驾驶员或者押运人员还应当向事故发生地交通运输主管部门报告			

⚖ 法律责任

第八十五条　未依法取得危险货物道路运输许可、危险货物水路运输许可,从事危险化学品道路运输、水路运输的,分别依照有关道路运输、水路运输的法律、行政法规的规定处罚。

第八十六条　有下列情形之一的,由交通运输主管部门责令改正,处5万元以上10万元以下的罚款;拒不改正的,责令停产停业整顿;构成犯罪的,依法追究刑事责任:

(一)危险化学品道路运输企业、水路运输企业的驾驶员、船员、装卸管理人员、押运人员、申报人员、集装箱装箱现场检查员未取得从业资格上岗作业的;

(二)运输危险化学品,未根据危险化学品的危险特性采取相应的安全防护措施,或者未配备必要的防护用品和应急救援器材的;

(六)托运人不向承运人说明所托运的危险化学品的种类、数量、危险特性以及发生危险情况的应急处置措施,或者未按照国家有关规定对所托运的危险化学品妥善包装并在外包装上设置相应标志的;

(七)运输危险化学品需要添加抑制剂或者稳定剂,托运人未添加或者未将有关情况告知承运人的。

第八十七条 有下列情形之一的,由交通运输主管部门责令改正,处10万元以上20万元以下的罚款,有违法所得的,没收违法所得;拒不改正的,责令停产停业整顿;构成犯罪的,依法追究刑事责任:

(一)委托未依法取得危险货物道路运输许可、危险货物水路运输许可的企业承运危险化学品的;

(四)在托运的普通货物中夹带危险化学品,或者将危险化学品谎报或者匿报为普通货物托运的。

在邮件、快件内夹带危险化学品,或者将危险化学品谎报为普通物品交寄的,依法给予治安管理处罚;构成犯罪的,依法追究刑事责任。

邮政企业、快递企业收寄危险化学品的,依照《中华人民共和国邮政法》的规定处罚。

3.4 《放射性物品运输安全管理条例》

为加强对放射性物品运输的安全管理,保障人体健康,保护环境,促进核能、核技术的开发与和平利用,依据《中华人民共和国放射性污染防治法》,我国制定了《放射性物品运输安全管理条例》。放射性物品的运输和放射性物品运输容器的设计、制造等活动适用本条例。

> **基本概念**
>
> (1)放射性物品,是指含有放射性核素,并且其活度和比活度均高于国家规定的豁免值的物品。
>
> 放射性物品的具体分类和名录,由国务院核安全监管部门会同国务院公安、卫生、海关、交通运输、铁路、民航、核工业行业主管部门制定。
>
> (2)放射性物品分类。根据放射性物品的特性及其对人体健康和环境的潜在危害程度,将放射性物品分为一类、二类和三类。
>
> 一类放射性物品,是指Ⅰ类放射源、高水平放射性废物、乏燃料等释放到环境后对人体健康和环境产生重大辐射影响的放射性物品。
>
> 二类放射性物品,是指Ⅱ类和Ⅲ类放射源、中等水平放射性废物等释放到环境后对人体健康和环境产生一般辐射影响的放射性物品。
>
> 三类放射性物品,是指Ⅳ类和Ⅴ类放射源、低水平放射性废物、放射性药品等释放到环境后对人体健康和环境产生较小辐射影响的放射性物品。

放射性物品道路运输企业依据《放射性物品运输安全管理条例》开展隐患排查治理工作的要求见表3-7。

依据《放射性物品运输安全管理条例》开展隐患排查治理工作的要求

表 3-7

主要负责人签字： 日期：
安全生产管理人员签字： 日期：

排查内容 (《放射性物品运输安全管理条例》有关条款)		排查(检查)情况	治理措施	备注
第三十二条	国家利用卫星定位系统对一类、二类放射性物品运输工具的运输过程实行在线监控。具体办法由国务院核安全监管部门会同国务院有关部门制定			在线监控
第三十三条	承运人应当按照国家职业病防治的有关规定，对直接从事放射性物品运输的工作人员进行个人剂量监测，建立个人剂量档案和职业健康监护档案			档案
第三十四条	托运人应当向承运人提交运输说明书、辐射监测报告、核与辐射事故应急响应指南、装卸作业方法、安全防护指南，承运人应当查验、收存。托运人提交文件不齐全的，承运人不得承运			承运人查验、收存交运输说明书
第三十八条	通过道路运输放射性物品的，应当经公安机关批准，按照指定的时间、路线、速度行驶，并悬挂警示标志，配备押运人员，使放射性物品处于押运人员的监管之下 通过道路运输核反应堆乏燃料的，托运人应当报国务院公安部门批准。通过道路运输其他放射性物品的，托运人应当报启运地县级以上人民政府公安机关批准。具体办法由国务院公安部门商国务院核安全监管部门制定			
第四十三条	放射性物品运输中发生核与辐射事故的，承运人、托运人应当按照核与辐射事故应急响应指南的要求，做好事故应急工作，并立即报告事故发生地的县级以上人民政府环境保护主管部门。接到报告的环境保护主管部门应当立即派人赶赴现场，进行现场调查，采取有效措施控制事故影响，并及时向本级人民政府报告，通报同级公安、卫生、交通运输等有关主管部门			应急救援

法律责任

第六十条 托运人或者承运人在放射性物品运输活动中,有违反有关法律、行政法规关于危险货物运输管理规定行为的,由交通运输、铁路、民航等有关主管部门依法予以处罚。

违反有关法律、行政法规规定邮寄放射性物品的,由公安机关和邮政管理部门依法予以处罚。在邮寄进境物品中发现放射性物品的,由海关依照有关法律、行政法规的规定处理。

第六十四条 未取得放射性物品运输的核与辐射安全分析报告批准书或者放射性物品运输的辐射监测报告备案证明,将境外的放射性物品运抵中华人民共和国境内,或者途经中华人民共和国境内运输的,由海关责令托运人退运该放射性物品,并依照海关法律、行政法规给予处罚;构成犯罪的,依法追究刑事责任。托运人不明的,由承运人承担退运该放射性物品的责任,或者承担该放射性物品的处置费用。

第六十五条 违反本条例规定,在放射性物品运输中造成核与辐射事故的,由县级以上地方人民政府环境保护主管部门处以罚款,罚款数额按照核与辐射事故造成的直接损失的20%计算;构成犯罪的,依法追究刑事责任。

托运人、承运人未按照核与辐射事故应急响应指南的要求,做好事故应急工作并报告事故的,由县级以上地方人民政府环境保护主管部门处5万元以上20万元以下的罚款。

因核与辐射事故造成他人损害的,依法承担民事责任。

3.5 《民用爆炸物品安全管理条例》

为加强对民用爆炸物品的安全管理,预防爆炸事故发生,保障公民生命、财产安全和公共安全,我国制定了《民用爆炸物品安全管理条例》。民用爆炸物品的生产、销售、购买、进出口、运输、爆破作业和储存以及硝酸铵的销售、购买适用本条例。

基本概念

民用爆炸物品,是指用于非军事目的、列入民用爆炸物品品名表的各类火药、炸药及其制品和雷管、导火索等点火、起爆器材。

民用爆炸物品品名表由国务院国防科技工业主管部门会同国务院公安部门制订、公布。

民用爆炸物品道路运输企业依据《民用爆炸物品安全管理条例》开展隐患排查治理工作的要求见表3-8。

依据《民用爆炸物品安全管理条例》开展隐患排查治理工作的要求　　　表3-8

主要负责人签字：　　　　　　　　　　　　　　日期：
安全生产管理人员签字：　　　　　　　　　　　日期：

		排查内容 （《民用爆炸物品安全管理条例》有关条款）	排查(检查)情况	治理措施	备注
第二十七条		运输民用爆炸物品的,应当凭《民用爆炸物品运输许可证》,按照许可的品种、数量运输			
第二十八条　经由道路运输民用爆炸物品的,应当遵守下列规定	1	携带《民用爆炸物品运输许可证》			
	2	民用爆炸物品的装载符合国家有关标准和规范,车厢内不得载人			
	3	运输车辆安全技术状况应当符合国家有关安全技术标准的要求,并按照规定悬挂或者安装符合国家标准的易燃易爆危险物品警示标志			
	4	运输民用爆炸物品的车辆应当保持安全车速			
	5	按照规定的路线行驶,途中经停应当有专人看守,并远离建筑设施和人口稠密的地方,不得在许可以外的地点经停			
	6	按照安全操作规程装卸民用爆炸物品,并在装卸现场设置警戒,禁止无关人员进入			
	7	出现危险情况立即采取必要的应急处置措施,并报告当地公安机关			

⚖ 法律责任

第四十四条　非法制造、买卖、运输、储存民用爆炸物品,构成犯罪的,依法追究刑事责任；尚不构成犯罪,有违反治安管理行为的,依法给予治安管理处罚。

违反本条例规定,在生产、储存、运输、使用民用爆炸物品中发生重大事故,造成严重后果或者后果特别严重,构成犯罪的,依法追究刑事责任。

违反本条例规定,未经许可生产、销售民用爆炸物品的,由国防科技工业主管部门责令停止非法生产、销售活动,处10万元以上50万元以下的罚款,并没收非法生产、销售的民用爆炸物品及其违法所得。

违反本条例规定,未经许可购买、运输民用爆炸物品或者从事爆破作业的,由公安机关责令停止非法购买、运输、爆破作业活动,处5万元以上20万元以下的罚款,并没收非法购买、运输以及从事爆破作业使用的民用爆炸物品及其违法所得。

国防科技工业主管部门、公安机关对没收的非法民用爆炸物品,应当组织销毁。

第四十七条　违反本条例规定,经由道路运输民用爆炸物品,有下列情形之一的,由公安机关责令改正,处5万元以上20万元以下的罚款：

（一）违反运输许可事项的；
（二）未携带《民用爆炸物品运输许可证》的；
（三）违反有关标准和规范混装民用爆炸物品的；
（四）运输车辆未按照规定悬挂或者安装符合国家标准的易燃易爆危险物品警示标志的；
（五）未按照规定的路线行驶，途中经停没有专人看守或者在许可以外的地点经停的；
（六）装载民用爆炸物品的车厢载人的；
（七）出现危险情况未立即采取必要的应急处置措施、报告当地公安机关的。

3.6 《烟花爆竹安全管理条例》

为加强烟花爆竹安全管理，预防爆炸事故发生，保障公共安全和人身、财产的安全，我国制定了《烟花爆竹安全管理条例》。烟花爆竹的生产、经营、运输和燃放适用本条例。

> **基本概念**
> 烟花爆竹，是指烟花爆竹制品和用于生产烟花爆竹的民用黑火药、烟火药、引火线等物品。

烟花爆竹道路运输企业严格执行《烟花爆竹安全管理条例》开展隐患排查治理工作的要求见表3-9。

依据《烟花爆竹安全管理条例》开展隐患排查治理工作的要求　　　　表3-9

主要负责人签字：　　　　　　　　　　　　　　　　日期：
安全生产管理人员签字：　　　　　　　　　　　　　日期：

		排查内容 （《烟花爆竹安全管理条例》有关条款）	排查(检查)情况	治理措施	备注
第二十五条		经由道路运输烟花爆竹的，除应当遵守《中华人民共和国道路交通安全法》外，还应当遵守下列规定			
	1	随车携带《烟花爆竹道路运输许可证》			
	2	不得违反运输许可事项			
	3	运输车辆悬挂或者安装符合国家标准的易燃易爆危险物品警示标志			
	4	烟花爆竹的装载符合国家有关标准和规范			
	5	装载烟花爆竹的车厢不得载人			
	6	运输车辆限速行驶，途中经停必须有专人看守			
	7	出现危险情况立即采取必要的措施，并报告当地公安部门			

法律责任

第三十六条 对未经许可经由道路运输烟花爆竹的,由公安部门责令停止非法运输活动,处1万元以上5万元以下的罚款,并没收非法运输的物品及违法所得。

非法生产、经营、运输烟花爆竹,构成违反治安管理行为的,依法给予治安管理处罚;构成犯罪的,依法追究刑事责任。

第四十条 经由道路运输烟花爆竹,有下列行为之一的,由公安部门责令改正,处200元以上2000元以下的罚款:

(一)违反运输许可事项的;

(二)未随车携带《烟花爆竹道路运输许可证》的;

(三)运输车辆没有悬挂或者安装符合国家标准的易燃易爆危险物品警示标志的;

(四)烟花爆竹的装载不符合国家有关标准和规范的;

(五)装载烟花爆竹的车厢载人的;

(六)超过危险物品运输车辆规定时速行驶的;

(七)运输车辆途中经停没有专人看守的;

(八)运达目的地后,未按规定时间将《烟花爆竹道路运输许可证》交回发证机关核销的。

第四十一条 对携带烟花爆竹搭乘公共交通工具,或者邮寄烟花爆竹以及在托运的行李、包裹、邮件中夹带烟花爆竹的,由公安部门没收非法携带、邮寄、夹带的烟花爆竹,可以并处200元以上1000元以下的罚款。

3.7 《生产安全事故报告和调查处理条例》

为规范生产安全事故的报告和调查处理,落实生产安全事故责任追究制度,防止和减少生产安全事故,依据《安全生产法》和有关法律,我国制定了《生产安全事故报告和调查处理条例》。生产经营活动中发生的造成人身伤亡或者直接经济损失的生产安全事故的报告和调查处理,适用本条例。环境污染事故、核设施事故、国防科研生产事故的报告和调查处理不适用本条例。

1)事故等级

根据生产安全事故造成的人员伤亡或者直接经济损失,事故一般分为以下4个等级:

(1)特别重大事故,是指造成30人以上死亡,或者100人以上重伤(包括急性工业中毒,下同),或者1亿元以上直接经济损失的事故;

(2)重大事故,是指造成10人以上30人以下死亡,或者50人以上100人以下重伤,或者5000万元以上1亿元以下直接经济损失的事故;

(3)较大事故,是指造成3人以上10人以下死亡,或者10人以上50人以下重伤,或者

1000万元以上5000万元以下直接经济损失的事故；

(4) 一般事故，是指造成3人以下死亡，或者10人以下重伤，或者1000万元以下直接经济损失的事故。

本条所称的"以上"包括本数，所称的"以下"不包括本数。

2) 事故调查原则和要求

事故调查处理应当坚持实事求是、尊重科学的原则，及时、准确地查清事故经过、事故原因和事故损失，查明事故性质，认定事故责任，总结事故教训，提出整改措施，并对事故责任者依法追究责任。

事故调查"四不放过"原则：

(1) 事故原因未查清不放过。

(2) 责任人员未处理不放过。

(3) 责任人和群众未受教育不放过。

(4) 整改措施未落实不放过。

3) 事故调查报告内容

事故调查报告应当包括以下内容：

(1) 事故发生单位概况；

(2) 事故发生经过和事故救援情况；

(3) 事故造成的人员伤亡和直接经济损失；

(4) 事故发生的原因和事故性质；

(5) 事故责任的认定以及对事故责任者的处理建议；

(6) 事故防范和整改措施。

事故调查报告应当附具有关证据材料。事故调查组成员应当在事故调查报告上签名。

> **⚖ 法律责任**
>
> 第三十五条 事故发生单位主要负责人有下列行为之一的，处上一年年收入40%至80%的罚款；属于国家工作人员的，并依法给予处分；构成犯罪的，依法追究刑事责任：
>
> (一) 不立即组织事故抢救的；
>
> (二) 迟报或者漏报事故的；
>
> (三) 在事故调查处理期间擅离职守的。
>
> 第三十六条 事故发生单位及其有关人员有下列行为之一的，对事故发生单位处100万元以上500万元以下的罚款；对主要负责人、直接负责的主管人员和其他直接责任人员处上一年年收入60%至100%的罚款；属于国家工作人员的，并依法给予处分；构成违反治安管理行为的，由公安机关依法给予治安管理处罚；构成犯罪的，依法追究刑事责任：

(一)谎报或者瞒报事故的;
(二)伪造或者故意破坏事故现场的;
(三)转移、隐匿资金、财产,或者销毁有关证据、资料的;
(四)拒绝接受调查或者拒绝提供有关情况和资料的;
(五)在事故调查中作伪证或者指使他人作伪证的;
(六)事故发生后逃匿的。

第三十七条 事故发生单位对事故发生负有责任的,依照下列规定处以罚款:

(一)发生一般事故的,处10万元以上20万元以下的罚款;
(二)发生较大事故的,处20万元以上50万元以下的罚款;
(三)发生重大事故的,处50万元以上200万元以下的罚款;
(四)发生特别重大事故的,处200万元以上500万元以下的罚款。

第三十八条 事故发生单位主要负责人未依法履行安全生产管理职责,导致事故发生的,依照下列规定处以罚款;属于国家工作人员的,并依法给予处分;构成犯罪的,依法追究刑事责任:

(一)发生一般事故的,处上一年年收入30%的罚款;
(二)发生较大事故的,处上一年年收入40%的罚款;
(三)发生重大事故的,处上一年年收入60%的罚款;
(四)发生特别重大事故的,处上一年年收入80%的罚款。

第4章 相关部门规章对生产安全事故隐患排查治理的要求

4.1 《道路运输车辆技术管理规定》

为加强道路运输车辆技术管理，保持车辆技术状况良好，保障运输安全，发挥车辆效能，促进节能减排，依据《安全生产法》《中华人民共和国节约能源法》《道路运输条例》等法律、行政法规，交通运输部制定了《道路运输车辆技术管理规定》（交通运输部令2023年第3号）。该规定有总则、车辆技术条件、车辆使用的技术管理、监督检查、法律责任、附则，共6章34条。

> **基本概念**
>
> （1）道路运输车辆，包括道路旅客运输车辆（以下简称客车）、道路普通货物运输车辆（以下简称货车）、道路危险货物运输车辆（也称危货运输车）。
>
> （2）道路运输车辆技术管理，是指对道路运输车辆达标核查、维护修理、检验检测、年度审验、注销退出等环节进行的全过程技术性管理。
>
> 道路运输车辆技术管理应当坚持分类管理、预防为主、安全高效、节能环保的原则。
>
> 道路运输经营者是道路运输车辆技术管理的责任主体，负责对道路运输车辆实行择优选配、正确使用、周期维护、视情修理、定期检测和适时更新，保证投入道路运输经营的车辆符合技术要求。

4.1.1 车辆基本技术条件

道路运输企业依据《道路运输车辆技术管理规定》，在"车辆技术条件"方面开展隐患排查治理工作的要求见表4-1。

车辆技术条件　　　　　　　　　　　　　　　　表4-1

主要负责人签字：　　　　　　　　　　　　日期：
安全生产管理人员签字：　　　　　　　　　日期：
车辆技术管理人员签字：　　　　　　　　　日期：

排查内容 （《道路运输车辆技术管理规定》有关条款）		排查(检查)情况	治理措施	备注
第七条	从事道路运输经营的车辆应当符合下列技术要求			

续上表

排查内容 (《道路运输车辆技术管理规定》有关条款)			排查(检查)情况	治理措施	备注
第七条	1	车辆的外廓尺寸、轴荷和最大允许总质量应当符合《汽车、挂车及汽车列车外廓尺寸、轴荷及质量限值》(GB 1589)的要求			企业合法购买车辆,持有车辆《产品合格证》❶;2.企业不改装;不超载;不超限
	2	车辆的技术性能应当符合《机动车安全技术检验项目和方法》(GB 38900)以及依法制定的保障营运车辆安全生产的国家标准或者行业标准的要求			持有车辆《车辆检验合格证》以及车检部门出具的检验合格证
	3	车型的燃料消耗量限值应当符合依法制定的关于营运车辆燃料消耗限值标准的要求			持有相应的《道路运输车辆综合性能检测报告》
	4	车辆(挂车除外)的技术等级应当符合国家有关道路运输车辆技术等级评定的要求,达到二级以上。危货车、国际道路运输车辆以及从事一类和二类客运班线、包车客运的客车,技术等级应当达到一级			
	5	客车的类型等级应当符合国家有关营运客车类型等级评定的要求,达到普通级以上。从事一类和二类客运班线、包车客运、国际道路旅客运输的客车的类型等级应当达到中级以上			

4.1.2 车辆技术管理的一般要求

道路运输企业依据《道路运输车辆技术管理规定》,在"车辆使用的技术管理基本要求"方面开展隐患排查治理工作的要求见表4-2。

---

❶ 《道路交通安全法》第十条规定,准予登记的机动车应当符合机动车国家安全技术标准。
《中华人民共和国标准化法》第二十五条规定,不符合强制性标准的产品、服务,不得生产、销售、进口或者提供;第三十七条规定,生产、销售、进口产品或者提供服务不符合强制性标准的,依照《中华人民共和国产品质量法》《中华人民共和国进出口商品检验法》《中华人民共和国消费者权益保护法》等法律、行政法规的规定查处,记入信用记录,并依照有关法律、行政法规的规定予以公示;构成犯罪的,依法追究刑事责任。

基础篇 **第4章** 相关部门规章对生产安全事故隐患排查治理的要求

车辆使用的技术管理基本要求　　　　　　　　　　表 4-2

主要负责人签字：　　　　　　　　　　　　　日期：
安全生产管理人员签字：　　　　　　　　　　日期：
车辆技术管理人员签字：　　　　　　　　　　日期：

	排查内容 (《道路运输车辆技术管理规定》有关条款)	排查(检查)情况	治理措施	备注
第十一条	道路运输经营者应当遵守有关法律法规、标准和规范，认真履行车辆技术管理的主体责任，建立健全管理制度，加强车辆技术管理			强制性要求——建立健全管理制度
第十二条	鼓励道路运输经营者设置相应的部门负责车辆技术管理工作，并根据车辆数量和经营类别配备车辆技术管理人员，对车辆实施有效的技术管理			鼓励性要求——设置相应的部门 配备车辆技术管理人员
第十三条	道路运输经营者应当加强车辆维护、使用、安全和节能等方面的业务培训，提升从业人员的业务素质和技能，确保车辆处于良好的技术状况			确保车辆处于良好的技术状况
第十四条	道路运输经营者应当根据有关道路运输企业车辆技术管理标准，结合车辆技术状况和运行条件，正确使用车辆			
	鼓励道路运输经营者依据相关标准要求，制定车辆使用技术管理规范，科学设置车辆经济、技术定额指标并定期考核，提升车辆技术管理水平			
第十五条	道路运输经营者应当建立车辆技术档案制度，实行一车一档。档案内容应当主要包括			强制性要求
	1　车辆基本信息记录			《机动车行驶证》《道路运输证》
	2　机动车检验检测报告(含车辆技术等级)			
	3　道路运输达标车辆核查记录表			
	4　客车类型等级审验			
	5　车辆维护和修理(含机动车维修竣工出厂合格证)			
	6　车辆主要零部件更换、车辆变更、行驶里程、对车辆造成损伤的交通事故等记录			

4.1.3　车辆维护与修理要求

车辆维护分为日常维护、一级维护和二级维护。道路运输企业依据《道路运输车辆技术管理规定》，在"车辆使用的技术管理维护与修理"方面开展隐患排查治理工作的要求见表 4-3。

车辆使用的技术管理维护与修理　　　　　　　　　表4-3

主要负责人签字：　　　　　　　　　　　　　　　日期：
安全生产管理人员签字：　　　　　　　　　　　　日期：
车辆技术管理人员签字：　　　　　　　　　　　　日期：
驾驶员签字：　　　　　　　　　　　　　　　　　日期：

	排查内容 (《道路运输车辆技术管理规定》有关条款)	排查(检查)情况	治理措施	备注
第十六条	道路运输经营者应当建立车辆维护制度			强制性要求——车辆维护制度
	日常维护由驾驶员实施			
	一级维护和二级维护由道路运输经营者组织实施，并做好记录			维护记录
第十七条 二级维护	道路运输经营者应当依据国家有关标准和车辆维修手册、使用说明书等，结合车辆类别、车辆运行状况、行驶里程、道路条件、使用年限等因素，自行确定车辆维护周期，确保车辆正常维护			自行确定车辆维护周期
	车辆维护作业项目应当按照国家关于汽车维护的技术规范要求和汽车生产企业公开的车辆维护技术信息确定			细化——车辆维护作业项目
	道路运输经营者具备二级维护作业能力的，可以对自有车辆进行二级维护作业，保证投入运营的车辆符合技术管理要求，无需进行二级维护竣工质量检测			二级维护
	道路运输经营者不具备二级维护作业能力的，应当委托二类以上机动车维修经营者进行二级维护作业。机动车维修经营者完成二级维护作业后，应当向委托方出具机动车维修竣工出厂合格证			
第十八条	道路运输经营者应遵循视情修理、保障安全的原则，根据实际情况对车辆进行及时修理			
第十九条	道路运输经营者用于运输剧毒化学品、爆炸品的专用车辆及罐式专用车辆(含罐式挂车)，应当到具备危货车维修条件的企业进行维修			
	前款规定专用车辆的牵引车和其他运输危险货物的车辆由道路运输经营者消除危险货物的危害后，可以到具备一般车辆维修条件的企业进行维修			

> **法律责任**
>
> 第三十一条 违反本规定,道路运输经营者未按照规定的周期和频次进行车辆检验检测或者未按规定维护道路运输车辆的,交通运输主管部门应当责令改正,处1000元以上5000元以下罚款。

4.2 《道路运输车辆动态监督管理办法》

为加强道路运输车辆动态监督管理,预防和减少道路交通事故,依据《安全生产法》《道路交通安全法实施条例》《道路运输条例》等有关法律法规,交通运输部、公安部、应急管理部制定了《道路运输车辆动态监督管理办法》(交通运输部、公安部、应急管理部令2022年第10号)。该办法有总则、系统建设、车辆监控、监督检查、法律责任、附则,共6章41条。道路运输车辆安装、使用具有行驶记录功能的卫星定位装置(以下简称卫星定位装置)以及相关安全监督管理活动,适用本办法。

> **基本概念**
>
> 道路运输车辆,包括用于公路营运的载客汽车、危险货物运输车辆、半挂牵引车以及重型载货汽车(总质量为12吨及以上的普通货物运输车辆)。
>
> 道路运输车辆动态监督管理应当遵循企业监控、政府监管、联网联控的原则。
>
> 道路运输企业是道路运输车辆动态监控的责任主体。

道路运输企业依据《道路运输车辆动态监督管理办法》,在"车辆监控"方面开展隐患排查治理工作的要求见表4-4。

车辆监控　　　　　　　　　　　　　　　　　　　　　表4-4

主要负责人签字:　　　　　　　　　　　　　　日期:
安全生产管理人员签字:　　　　　　　　　　　日期:

	排查内容 (《道路运输车辆动态监督管理办法》有关条款)	排查(检查)情况	治理措施	备注
第二十一条	道路旅客运输企业、道路危险货物运输企业和拥有50辆及以上重型载货汽车或牵引车的道路货物运输企业应当配备专职监控人员			
	专职监控人员配置原则上按照监控平台每接入100辆车设1人的标准配备,最低不少于2人			
	监控人员应当掌握国家相关法规和政策,经运输企业培训、考试合格后上岗			

续上表

排查内容 (《道路运输车辆动态监督管理办法》有关条款)		排查(检查)情况	治理措施	备注
第二十四条	道路运输企业应当根据法律法规的相关规定以及车辆行驶道路的实际情况,按照规定设置监控超速行驶和疲劳驾驶的限值,以及核定运营线路、区域及夜间行驶时间等,在所属车辆运行期间对车辆和驾驶员进行实时监控和管理			监控超速行驶和疲劳驾驶的限值
	设置超速行驶和疲劳驾驶的限值,应当符合客运驾驶员24小时累计驾驶时间原则上不超过8小时,日间连续驾驶不超过4小时,夜间连续驾驶不超过2小时,每次停车休息时间不少于20分钟,客运车辆夜间行驶速度不得超过日间限速80%的要求			
第二十六条	道路运输经营者应当确保卫星定位装置正常使用,保持车辆运行实时在线			
	卫星定位装置出现故障不能保持在线的道路运输车辆,道路运输经营者不得安排其从事道路运输经营活动			
第二十七条	任何单位和个人不得破坏卫星定位装置以及恶意人为干扰、屏蔽卫星定位装置信号,不得篡改卫星定位装置数据			

⚖ 法律责任

第三十五条　违反本办法的规定,道路运输企业有下列情形之一的,由县级以上道路运输管理机构责令改正。拒不改正的,处1000元以上3000元以下罚款:

(一)道路运输企业未使用符合标准的监控平台、监控平台未接入联网联控系统、未按规定上传道路运输车辆动态信息的;

(二)未建立或者未有效执行交通违法动态信息处理制度、对驾驶员交通违法处理率低于90%的;

(三)未按规定配备专职监控人员,或者监控人员未有效履行监控职责的。

第三十六条　违反本办法的规定,道路运输经营者使用卫星定位装置不能保持在线的运输车辆从事经营活动的,由县级以上道路运输管理机构对其进行教育并责令改正,拒不改正或者改正后再次发生同类违反规定情形的,处200元以上800元以下罚款。

第三十七条　违反本办法的规定,道路运输企业或者提供道路运输车辆动态监控社会化服务的单位伪造、篡改、删除车辆动态监控数据的,由县级以上道路运输管理机构责令改正,处500元以上2000元以下罚款。

4.3 《道路运输从业人员管理规定》

为加强道路运输从业人员管理,提高道路运输从业人员综合素质,依据《道路运输条例》《危险化学品安全管理条例》以及有关法律、行政法规,交通运输部制定了《道路运输从业人员管理规定》(交通运输部令2022年第38号)。该规定有总则、从业资格管理、从业资格证件管理、从业行为规定、法律责任、附则,共6章53条。

> 📦 **基本概念**
>
> 道路运输从业人员包括经营性道路客货运输驾驶员、道路危险货物运输从业人员、机动车维修技术技能人员、机动车驾驶培训教练员、道路运输企业主要负责人和安全生产管理人员、其他道路运输从业人员。

道路运输企业依据《道路运输从业人员管理规定》,在"从业资格管理"方面开展隐患排查治理工作的要求见表4-5。

从业资格管理　　　　　　　　　　　　　　　　　　　　　　　表4-5

主要负责人签字:　　　　　　　　　　　　日期:
安全生产管理人员签字:　　　　　　　　　日期:

		排查内容 (《道路运输从业人员管理规定》有关条款)	排查(检查)情况	治理措施	备注
第九条 经营性道路旅客运输驾驶员应当符合下列条件	1	取得相应的机动车驾驶证1年以上			
	2	年龄不超过60周岁			
	3	3年内无重大以上交通责任事故			
	4	掌握相关道路旅客运输法规、机动车维修和旅客急救基本知识			
	5	经考试合格,取得相应的从业资格证件			
第十条 经营性道路货物运输驾驶员应当符合下列条件	1	取得相应的机动车驾驶证			
	2	年龄不超过60周岁			
	3	掌握相关道路货物运输法规、机动车维修和货物装载保管基本知识			
	4	经考试合格,取得相应的从业资格证件			

续上表

排查内容（《道路运输从业人员管理规定》有关条款）			排查(检查)情况	治理措施	备注
第十一条 道路危险货物运输驾驶员应当符合下列条件	1	取得相应的机动车驾驶证			
	2	年龄不超过60周岁			
	3	3年内无重大以上交通责任事故			
	4	取得经营性道路旅客运输或者货物运输驾驶员从业资格2年以上或者接受全日制驾驶职业教育的			
	5	接受相关法规、安全知识、专业技术、职业卫生防护和应急救援知识的培训,了解危险货物性质、危害特征、包装容器的使用特性和发生意外时的应急措施			
	6	经考试合格,取得相应的从业资格证件			
	从事4500千克及以下普通货运车辆运营活动的驾驶员,申请从事道路危险货物运输的,应当符合前款第1、2、3、5、6项规定的条件				
第十二条 道路危险货物运输装卸管理人员和押运人员应当符合下列条件	1	年龄不超过60周岁			
	2	初中以上学历			
	3	接受相关法规、安全知识、专业技术、职业卫生防护和应急救援知识的培训,了解危险货物性质、危害特征、包装容器的使用特性和发生意外时的应急措施			
	4	经考试合格,取得相应的从业资格证件			
第三十八条	经营性道路客货运输驾驶员和道路危险货物运输驾驶员不得超限、超载运输,连续驾驶时间不得超过4个小时,不得超速行驶和疲劳驾驶				
第三十九条	经营性道路旅客运输驾驶员和道路危险货物运输驾驶员应当按照规定填写行车日志				

道路运输企业还应注意以下要求：

(1)道路运输从业人员从业资格证件全国通用。

(2)道路运输从业人员服务单位变更的,应当到交通主管部门办理从业资格证件变更手续。

(3)经营性道路客货运输驾驶员以及道路危险货物运输从业人员应当在从业资格证件许可的范围内从事道路运输活动。道路危险货物运输驾驶员除可以驾驶道路危险货物运输车辆外,还可以驾驶原从业资格证件许可的客车或者道路货物运输车辆。

（4）道路运输从业人员在从事道路运输活动时，应当携带相应的从业资格证件，并遵守国家相关法规和道路运输安全操作规程，不得违法经营、违章作业。

（5）道路运输从业人员应当按照规定参加国家相关法规、职业道德及业务知识培训。经营性道路客货运输驾驶员和道路危险货物运输驾驶员诚信考核等级为不合格的，应当按照规定参加继续教育。

（6）经营性道路旅客运输驾驶员应当采取必要措施保证旅客的人身和财产安全，发生紧急情况时，应当积极进行救护。

（7）经营性道路货物运输驾驶员应当采取必要措施防止货物脱落、扬撒等。

（8）严禁驾驶道路货物运输车辆从事经营性道路旅客运输活动。

法律责任

第四十六条　违反本规定，有下列行为之一的人员，由县级以上交通运输主管部门责令改正，处200元以上2000元以下的罚款：

（一）未取得相应从业资格证件，驾驶道路客运车辆的；

（二）使用失效、伪造、变造的从业资格证件，驾驶道路客运车辆的；

（三）超越从业资格证件核定范围，驾驶道路客运车辆的。

驾驶道路货运车辆违反前款规定的，由县级以上交通运输主管部门责令改正，处200元罚款。

第四十七条　违反本规定，有下列行为之一的人员，由设区的市级交通运输主管部门处5万元以上10万元以下的罚款：

（一）未取得相应从业资格证件，从事道路危险货物运输活动的；

（二）使用失效、伪造、变造的从业资格证件，从事道路危险货物运输活动的；

（三）超越从业资格证件核定范围，从事道路危险货物运输活动的。

第四十八条　道路运输从业人员有下列不具备安全条件情形之一的，由发证机关撤销其从业资格证件：

（一）经营性道路客货运输驾驶员、道路危险货物运输从业人员身体健康状况不符合有关机动车驾驶和相关从业要求且没有主动申请注销从业资格的；

（二）经营性道路客货运输驾驶员、道路危险货物运输驾驶员发生重大以上交通事故，且负主要责任的；

（三）发现重大事故隐患，不立即采取消除措施，继续作业的。

被撤销的从业资格证件应当由发证机关公告作废并登记归档。

第四十九条　道路运输企业主要负责人和安全生产管理人员未按照规定经考核合格的，由所在地设区的市级交通运输主管部门依照《中华人民共和国安全生产法》第九十七条的规定进行处罚。

4.4 《企业安全生产费用提取和使用管理办法》

为加强企业安全生产费用管理,建立企业安全生产投入长效机制,维护企业、职工以及社会公共利益,依据《安全生产法》等有关法律法规和《中共中央 国务院关于推进安全生产领域改革发展的意见》《国务院关于进一步加强安全生产工作的决定》(国发〔2004〕2号)、《国务院关于进一步加强企业安全生产工作的通知》(国发〔2010〕23号)等,财政部、应急管理部联合印发了《企业安全生产费用提取和使用管理办法》(财资〔2022〕136号)。在中华人民共和国境内直接从事煤炭生产、非煤矿山开采、石油天然气开采、建设工程施工、危险品生产与储存、交通运输、烟花爆竹生产、民用爆炸物品生产、冶金、机械制造、武器装备研制生产与试验(含民用航空及核燃料)、电力生产与供应的企业及其他经济组织适用本办法。

> **基本概念**
>
> 企业安全生产费用,是指企业按照规定标准提取,在成本(费用)中列支,专门用于完善和改进企业或者项目安全生产条件的资金。
>
> 安全生产费用按照"筹措有章、支出有据、管理有序、监督有效"的原则进行管理。

道路运输企业依据《企业安全生产费用提取和使用管理办法》,在"安全生产费用提取和使用"方面工作的要求见表4-6。

安全生产费用提取和使用　　　　　　　　　　　　　　表4-6

主要负责人签字:　　　　　　　　　　　日期:
安全生产管理人员签字:　　　　　　　　日期:

排查内容（《企业安全生产费用提取和使用管理办法》相关条款）		排查(检查)情况	治理措施	备注
第二十四条	交通运输企业以上一年度营业收入为依据,确定本年度应计提金额,并逐月平均提取。具体如下			
	1　普通货运业务1%			
	2　客运业务、管道运输、危险品等特殊货运业务1.5%			
第二十五条 交通运输企业安全生产费用应当用于以下支出	1　完善、改造和维护安全防护设施设备支出(不含"三同时"要求初期投入的安全设施),包括道路、水路、铁路、城市轨道交通、管道运输设施设备和装卸工具安全状况检测及维护系统、运输设施设备和装卸工具附属安全设备等支出			
	2　购置、安装和使用具有行驶记录功能的车辆卫星定位装置、视频监控装置、船舶通信导航定位和自动识别系统、电子海图等支出			

续上表

排查内容 (《企业安全生产费用提取和使用管理办法》相关条款)			排查(检查)情况	治理措施	备注
第二十五条	3	配备、维护、保养应急救援器材、设备支出和应急救援队伍建设、应急预案制修订与应急演练支出			
	4	开展重大危险源检测、评估、监控支出,安全风险分级管控和事故隐患排查整改支出,安全生产信息化、智能化建设、运维和网络安全支出			
	5	安全生产检查、评估评价(不含新建、改建、扩建项目安全评价)、咨询和标准化建设支出			
	6	配备和更新现场作业人员安全防护用品支出			
	7	安全生产宣传、教育、培训和从业人员发现并报告事故隐患的奖励支出			
	8	安全生产适用的新技术、新标准、新工艺、新装备的推广应用支出			
	9	安全设施及特种设备检测检验、检定校准、铁路和城市轨道交通基础设备安全检测支出			
	10	安全生产责任保险及承运人责任保险支出			
	11	与安全生产直接相关的其他支出			
第四十五条		企业应当建立健全内部企业安全生产费用管理制度,明确企业安全生产费用提取和使用的程序、职责及权限,落实责任,确保按规定提取和使用企业安全生产费用			内部安全费用管理制度
第四十六条		企业应当加强安全生产费用管理,编制年度企业安全生产费用提取和使用计划,纳入企业财务预算,确保资金投入			年度安全费用提取和使用计划

专业篇

第5章 道路旅客运输生产安全事故隐患排查治理的要求

5.1 《道路旅客运输及客运站管理规定》

为规范道路旅客运输及道路旅客运输站经营活动,维护道路旅客运输市场秩序,保障道路旅客运输安全,保护旅客和经营者的合法权益,依据《道路运输条例》及有关法律、行政法规的规定,交通运输部制定了《道路旅客运输及客运站管理规定》(交通运输部令2020年第17号,以下简称《客规》)。《客规》分总则、经营许可、客运经营管理、班车客运定制服务、监督检查、法律责任、附则,共8章110条。

从事道路旅客运输(以下简称道路客运)经营以及道路旅客运输站(以下简称客运站)经营的,应当遵守本规定。出租汽车客运、城市公共汽车客运管理根据国家有关规定执行。客运经营者从事国际道路旅客运输经营活动,除遵守本规定外,有关从业条件等特殊要求还应当适用交通运输部制定的《国际道路运输管理规定》。

> **基本概念**
>
> (1)道路客运经营,是指使用客车运送旅客、为社会公众提供服务、具有商业性质的道路客运活动,包括班车(加班车)客运、包车客运、旅游客运。
>
> (2)客运站经营,是指以站场设施为依托,为道路客运经营者和旅客提供有关运输服务的经营活动。
>
> (3)毗邻县包括相互毗邻的县、旗、县级市、下辖乡镇的区。
>
> (4)农村道路客运,是指县级行政区域内或者毗邻县间,起讫地至少有一端在乡村且主要服务于农村居民的旅客运输。
>
> (5)定制客运,是指已经取得道路客运班线经营许可的经营者依托电子商务平台发布道路客运班线起讫地等信息、开展线上售票,按照旅客需求灵活确定发车时间、上下旅客地点并提供运输服务的班车客运运营方式。

5.1.1 企业资质条件

客运企业依据《客规》在"企业资质条件"方面开展隐患排查治理工作的要求见表5-1。

企业资质条件 表5-1

主要负责人签字：　　　　　　　　　　　　　　日期：
安全生产管理人员签字：　　　　　　　　　　　日期：

排查内容			排查(检查)情况	治理措施	备注
（《客规》有关条款）					
第十五条 申请从事客运站经营的,应当具备下列条件	1	客运站经验收合格			
	2	有与业务量相适应的专业人员和管理人员			
	3	有相应的设备、设施			
	4	有健全的业务操作规程和安全管理制度,包括服务规范、安全生产操作规程、车辆发车前例检、安全生产责任制,以及国家规定的危险物品及其他禁止携带的物品查堵、人员和车辆进出站安全管理等安全生产监督检查的制度			
第二十四条		班车客运经营者应当持进站协议向原许可机关备案起讫地客运站点、途经路线。营运线路长度在800公里以上的客运班线还应当备案车辆号牌			
第二十五条		客运经营者应当按照确定的时间落实拟投入车辆和聘用驾驶员等承诺			
第二十七条		道路客运经营者设立子公司的,应当按照规定向设立地道路运输管理机构申请经营许可;设立分公司的,应当向设立地道路运输管理机构备案			
第三十条		客运经营者、客运站经营者需要变更许可事项,应当向原许可机关提出申请,按本章有关规定办理。班车客运经营者变更起讫地客运站点、途经路线的,应当重新备案			
		客运班线的经营主体、起讫地和日发班次下限变更和客运站经营主体、站址变更应当按照重新许可办理			
		客运班线许可事项或者备案事项发生变更的,道路运输管理机构应当换发《道路客运班线经营信息表》			
		客运经营者和客运站经营者在取得全部经营许可证件后无正当理由超过180日不投入运营,或者运营后连续180日以上停运的,视为自动终止经营			
第三十二条		客运班线经营者在经营期限内暂停、终止班线经营的,应当提前30日告知原许可机关。经营期限届满,客运班线经营者应当按照本规定第十二条重新提出申请			
		客运经营者终止经营,应当在终止经营后10日内,将相关的《道路运输经营许可证》和《道路运输证》客运标志牌交回原发放机关			

续上表

	排查内容 (《客规》有关条款)	排查(检查)情况	治理措施	备注
第三十三条	客运站经营者终止经营的,应当提前30日告知原许可机关和进站经营者。原许可机关发现关闭客运站可能对社会公众利益造成重大影响的,应当采取措施对进站车辆进行分流,并在终止经营前15日向社会公告。客运站经营者应当在终止经营后10日内将《道路运输经营许可证》交回原发放机关			

5.1.2 客运经营管理

客运企业依据《客规》在"客运经营管理"方面开展隐患排查治理工作的要求见表5-2。

客运经营管理　　　　　　　　　　　　　　　　　　　　表5-2

主要负责人签字:　　　　　　　　　　　　　　　　日期:
安全生产管理人员签字:　　　　　　　　　　　　　日期:
从业人员签字:　　　　　　　　　　　　　　　　　日期:

	排查内容 (《客规》有关条款)	排查(检查)情况	治理措施	备注
第三十四条	客运经营者应当按照道路运输管理机构决定的许可事项从事客运经营活动,不得转让、出租道路运输经营许可证件			
第三十五条	道路客运班线属于国家所有的公共资源。班车客运经营者取得经营许可后,应当向公众提供连续运输服务,不得擅自暂停、终止或者转让班线运输			
第三十六条	在重大活动、节假日、春运期间,旅游旺季等特殊时段或者发生突发事件,客运经营者不能满足运力需求的,道路运输管理机构可以临时调用车辆技术等级不低于二级的营运客车和社会非营运客车开行包车或者加班车。非营运客车凭县级以上道路运输管理机构开具的证明运行			
第三十七条	客运班车应当按照许可的起讫地、日发班次下限和备案的途经路线运行,在起讫地客运站点和中途停靠地客运站点(以下统称配客站点)上下旅客 客运班车不得在规定的配客站点外上客或者沿途揽客,无正当理由不得改变途经路线。客运班车在遵守道路交通安全、城市管理相关法规的前提下,可以在起讫地、中途停靠地所在的城市市区、县城城区沿途下客 重大活动期间,客运班车应当按照相关道路运输管理机构指定的配客站点上下旅客			

续上表

排查内容 (《客规》有关条款)		排查(检查)情况	治理措施	备注
第三十八条	一类、二类客运班线的经营者或者其委托的售票单位、配客站点，应当实行实名售票和实名查验(以下统称实名制管理)，免票儿童除外。其他客运班线及客运站实行实名制管理的范围，由省级人民政府交通运输主管部门确定			
	实行实名制管理的，购票人购票时应当提供有效身份证件原件(有效身份证件类别见附件9)，并由售票人在客票上记载旅客的身份信息。通过网络、电话等方式实名购票的，购票人应当提供有效的身份证件信息，并在取票时提供有效身份证件原件			
	旅客遗失客票的，经核实其身份信息后，售票人应当免费为其补办客票			
第三十九条	客运经营者不得强迫旅客乘车，不得将旅客交给他人运输，不得甩客，不得敲诈旅客，不得使用低于规定的类型等级营运客车承运，不得阻碍其他经营者的正常经营活动			
第四十条	严禁营运客车超载运行，在载客人数已满的情况下，允许再搭乘不超过核定载客人数10%的免票儿童			
第四十一条	客车不得违反规定载货。客运站经营者受理客运班车行李舱载货运输业务的，应当对托运人有效身份信息进行登记，并对托运物品进行安全检查或者开封验视，不得受理有关法律法规禁止运送、可能危及运输安全和托运人拒绝安全检查的托运物品			
	客运班车行李舱装载托运物品时，应当不超过行李舱内径尺寸，不大于客车允许最大总质量与整备质量和核定载客质量之差，并合理均衡配重；对于容易在舱内滚动、滑动的物品应当采取有效的固定措施			
第四十二条	客运经营者应当遵守有关运价规定，使用规定的票证，不得乱涨价、恶意压价、乱收费			
第四十三条	客运经营者应当在客运车辆外部的适当位置喷印企业名称或者标识，在车厢内醒目位置公示驾驶员姓名和从业资格证号、交通运输服务监督电话、票价和里程表			

续上表

	排查内容 (《客规》有关条款)	排查(检查)情况	治理措施	备注
第四十四条	客运经营者应当为旅客提供良好的乘车环境,确保车辆设备、设施齐全有效,保持车辆清洁、卫生,并采取必要的措施防止在运输过程中发生侵害旅客人身、财产安全的违法行为			
	客运经营者应当按照有关规定在发车前进行旅客系固安全带等安全事项告知,运输过程中发生侵害旅客人身、财产安全的治安违法行为时,应当及时向公安机关报告并配合公安机关处理治安违法行为			
	客运经营者不得在客运车辆上从事播放淫秽录像等不健康的活动,不得传播、使用破坏社会安定、危害国家安全、煽动民族分裂等非法出版物			
第四十五条	鼓励客运经营者使用配置下置行李舱的客车从事道路客运。没有下置行李舱或者行李舱容积不能满足需要的客车,可以在车厢内设立专门的行李堆放区,但行李堆放区和座位区必须隔离,并采取相应的安全措施。严禁行李堆放区载客			
第四十六条	客运经营者应当为旅客投保承运人责任险			
第四十七条	客运经营者应当加强车辆技术管理,建立客运车辆技术状况检查制度,加强对从业人员的安全、职业道德教育和业务知识、操作规程培训,并采取有效措施,防止驾驶员连续驾驶时间超过4个小时			
	客运车辆驾驶员应当遵守道路运输法规和道路运输驾驶员操作规程,安全驾驶,文明服务			
第四十八条	客运经营者应当制定突发事件应急预案。应急预案应当包括报告程序、应急指挥、应急车辆和设备的储备以及处置措施等内容			
第四十九条	客运经营者应当建立和完善各类台账和档案,并按照要求及时报送有关资料和信息			
第五十条	旅客应当持有效客票乘车,配合行李物品安全检查,按照规定使用安全带,遵守乘车秩序,文明礼貌;不得携带违禁物品乘车,不得干扰驾驶员安全驾驶			
	实行实名制管理的客运班线及客运站,旅客还应当持有本人有效身份证件原件,配合工作人员查验。旅客乘车前,客运站经营者应当对客票记载的身份信息与旅客及其有效身份证件原件(以下简称票、人、证)进行一致性核对并记录有关信息			

续上表

排查内容 (《客规》有关条款)		排查(检查)情况	治理措施	备注
第五十条	对旅客拒不配合行李物品安全检查或者坚持携带违禁物品、乘坐实名制管理的客运班线拒不提供本人有效身份证件原件或者票、人、证不一致的,班车客运经营者和客运站经营者不得允许其乘车			
第五十一条	实行实名制管理的班车客运经营者及客运站经营者应当配备必要的设施设备,并加强实名制管理相关人员的培训和相关系统及设施设备的管理,确保符合国家相关法律法规规定			
第五十二条	班车客运经营者及客运站经营者对实行实名制管理所登记采集的旅客身份信息及乘车信息,除应当依公安机关的要求向其如实提供外,应当予以保密。对旅客身份信息及乘车信息自采集之日起保存期限不得少于1年,涉及视频图像信息的,自采集之日起保存期限不得少于90日			
第五十三条	班车客运经营者或者其委托的售票单位、配客站点应当针对客流高峰、恶劣天气及设备系统故障、重大活动等特殊情况下实名制管理的特点,制定有效的应急预案			
第五十四条	客运车辆驾驶员应当随车携带《道路运输证》从业资格证等有关证件,在规定位置放置客运标志牌			
第五十五条 有下列情形之一的,客运车辆可以凭临时班车客运标志牌运行	1	在特殊时段或者发生突发事件,客运经营者不能满足运力需求,使用其他客运经营者的客车开行加班车的			
	2	因车辆故障、维护等原因,需要调用其他客运经营者的客车接驳或者顶班的			
	3	班车客运标志牌正在制作或者不慎灭失,等待领取的			
第五十六条	凭临时班车客运标志牌运营的客车应当按正班车的线路和站点运行。属于加班或者顶班的,还应当持有始发站签章并注明事由的当班行车路单;班车客运标志牌正在制作或者灭失的,还应当持有该条班线的《道路客运班线经营信息表》或者《道路客运班线经营行政许可决定书》的复印件			

5.1.3 班车客运定制服务

客运企业依据《客规》在"班车客运定制服务"方面开展隐患排查治理工作的要求见表5-3。

专业篇 **第5章** 道路旅客运输生产安全事故隐患排查治理的要求

班车客运定制服务

表 5-3

主要负责人签字：　　　　　　　　　　　　　　　日期：
安全生产管理人员签字：　　　　　　　　　　　　日期：
从业人员签字：　　　　　　　　　　　　　　　　日期：

	排查内容 （《客规》有关条款）	排查(检查)情况	治理措施	备注
第六十条	开展定制客运的营运客车核定载客人数应当在7人及以上			
第六十一条	提供定制客运网络信息服务的电子商务平台(以下简称网络平台)，应当依照国家有关法规办理市场主体登记、互联网信息服务许可或者备案等有关手续			
第六十二条	网络平台应当建立班车客运经营者、驾驶员、车辆档案，并确保班车客运经营者已取得相应的道路客运班线经营许可，驾驶员具备相应的机动车驾驶证和从业资格并受班车客运经营者合法聘用，车辆具备有效的《道路运输证》按规定投保承运人责任险			
第六十四条	班车客运经营者应当在定制客运车辆随车携带的班车客运标志牌显著位置粘贴"定制客运"标识			
第六十五条	班车客运经营者可以自行决定制客运日发班次			
	定制客运车辆在遵守道路交通安全、城市管理相关法规的前提下，可以在道路客运班线起讫地、中途停靠地的城市市区、县城城区按乘客需求停靠			
	网络平台不得超出班车客运经营者的许可范围开展定制客运服务			
第六十六条	班车客运经营者应当为定制客运车辆随车配备便携式安检设备，并由驾驶员或者其他工作人员对旅客行李物品进行安全检查			
第六十七条	网络平台应当提前向旅客提供班车客运经营者、联系方式、车辆品牌、号牌等车辆信息以及乘车地点、时间，并确保发布的提供服务的经营者、车辆和驾驶员与实际提供服务的经营者、车辆和驾驶员一致			
	实行实名制管理的客运班线开展定制客运的，班车客运经营者和网络平台应当落实实名制管理相关要求。网络平台应当采取安全保护措施，妥善保存采集的个人信息和生成的业务数据，保存期限应当不少于3年，并不得用于定制客运以外的业务			
	网络平台应当按照道路运输管理机构的要求，如实提供其接入的经营者、车辆、驾驶员信息和相关业务数据			

续上表

排查内容 (《客规》有关条款)		排查(检查)情况	治理措施	备注
第六十八条	网络平台发现车辆存在超速、驾驶员疲劳驾驶、未按照规定的线路行驶等违法违规行为的，应当及时通报班车客运经营者。班车客运经营者应当及时纠正			
	网络平台使用不符合规定的经营者、车辆或者驾驶员开展定制客运，造成旅客合法权益受到侵害的，应当依法承担相应的责任			

5.1.4 客运站经营

客运企业依据《客规》在"客运站经营"方面开展隐患排查治理工作的要求见表5-4。

客运站经营 表5-4

主要负责人签字：　　　　　　　　　　　　日期：
安全生产管理人员签字：　　　　　　　　　日期：
从业人员签字：　　　　　　　　　　　　　日期：

排查内容 (《客规》有关条款)		排查(检查)情况	治理措施	备注
第六十九条	客运站经营者应当按照道路运输管理机构决定的许可事项从事客运站经营活动，不得转让、出租客运站经营许可证件，不得改变客运站基本用途和服务功能			
	客运站经营者应当维护好各种设施、设备，保持其正常使用			
第七十条	客运站经营者和进站发车的客运经营者应当依法自愿签订服务合同，双方按照合同的规定履行各自的权利和义务			
第七十一条	客运站经营者应当依法加强安全管理，完善安全生产条件，健全和落实安全生产责任制			
	客运站经营者应当对出站客车进行安全检查，采取措施防止违禁物品进站上车，按照车辆核定载客限额售票，严禁超载车辆或者未经安全检查的车辆出站，保证安全生产			
第七十二条	客运站经营者应当将客运线路、班次等基础信息接入省域道路客运联网售票系统			
	鼓励客运站经营者为旅客提供网络售票、自助终端售票等多元化售票服务。鼓励电子客票在道路客运行业的推广应用			

续上表

	排查内容 (《客规》有关条款)	排查(检查)情况	治理措施	备注
第七十三条	鼓励客运站经营者在客运站所在城市市区、县城城区的客运班线主要途经地点设立停靠点,提供售检票、行李物品安全检查和营运客车停靠服务			
	客运站经营者设立停靠点的,应当向原许可机关备案,并在停靠点显著位置公示客运站《道路运输经营许可证》等信息			
第七十四条	客运站经营者应当禁止无证经营的车辆进站从事经营活动,无正当理由不得拒绝合法客运车辆进站经营			
	客运站经营者应当坚持公平、公正原则,合理安排发车时间,公平售票			
	客运经营者在发车时间安排上发生纠纷,客运站经营者协调无效时,由当地县级以上道路运输管理机构裁定			
第七十五条	客运站经营者应当公布进站客车的类型等级、运输线路、配客站点、班次、发车时间、票价等信息,调度车辆进站发车,疏导旅客,维持秩序			
第七十六条	进站客运经营者应当在发车30分钟前备齐相关证件进站并按时发车;进站客运经营者因故不能发车的,应当提前1日告知客运站经营者,双方要协商调度车辆顶班			
	对无故停班达7日以上的进站班车,客运站经营者应当报告当地道路运输管理机构			
第七十七条	客运站经营者应当设置旅客购票、候车、乘车指示、行李寄存和托运、公共卫生等服务设施,按照有关规定为军人、消防救援人员等提供优先购票乘车服务,并建立老幼病残孕等特殊旅客服务保障制度,向旅客提供安全、便捷、优质的服务,加强宣传,保持站场卫生、清洁			
	客运站经营者在不改变客运站基本服务功能的前提下,可以根据客流变化和市场需要,拓展旅游集散、邮政、物流等服务功能			
	客运站经营者从事前款经营活动的,应当遵守相应的法律、行政法规的规定			
第七十八条	客运站经营者应当严格执行价格管理规定,在经营场所公示收费项目和标准,严禁乱收费			

续上表

排查内容 (《客规》有关条款)		排查(检查)情况	治理措施	备注
第七十九条	客运站经营者应当按照规定的业务操作规程装卸、储存、保管行包			
第八十条	客运站经营者应当制定突发事件应急预案。应急预案应当包括报告程序、应急指挥、应急设备的储备以及处置措施等内容			
第八十一条	客运站经营者应当建立和完善各类台账和档案,并按照要求报送有关信息			

⚖ 法律责任

第九十三条　违反本规定,有下列行为之一的,由县级以上道路运输管理机构责令停止经营;违法所得超过2万元的,没收违法所得,处违法所得2倍以上10倍以下的罚款;没有违法所得或者违法所得不足2万元的,处1万元以上10万元以下的罚款;构成犯罪的,依法追究刑事责任:

(一)未取得道路客运经营许可,擅自从事道路客运经营的;

(二)未取得道路客运班线经营许可,擅自从事班车客运经营的;

(三)使用失效、伪造、变造、被注销等无效的道路客运许可证件从事道路客运经营的;

(四)超越许可事项,从事道路客运经营的。

第九十四条　违反本规定,有下列行为之一的,由县级以上道路运输管理机构责令停止经营;有违法所得的,没收违法所得,处违法所得2倍以上10倍以下的罚款;没有违法所得或者违法所得不足1万元的,处2万元以上5万元以下的罚款;构成犯罪的,依法追究刑事责任:

(一)未取得客运站经营许可,擅自从事客运站经营的;

(二)使用失效、伪造、变造、被注销等无效的客运站许可证件从事客运站经营的;

(三)超越许可事项,从事客运站经营的。

第九十五条　违反本规定,客运经营者、客运站经营者非法转让、出租道路运输经营许可证件的,由县级以上道路运输管理机构责令停止违法行为,收缴有关证件,处2000元以上1万元以下的罚款;有违法所得的,没收违法所得。

第九十六条　违反本规定,客运经营者有下列行为之一的,由县级以上道路运输管理机构责令限期投保;拒不投保的,由原许可机关吊销相应许可:

(一)未为旅客投保承运人责任险的;

(二)未按照最低投保限额投保的；

(三)投保的承运人责任险已过期,未继续投保的。

第九十七条　违反本规定,客运经营者使用未持合法有效《道路运输证》的车辆参加客运经营的,或者聘用不具备从业资格的驾驶员参加客运经营的,由县级以上道路运输管理机构责令改正,处3000元以上1万元以下的罚款。

第九十八条　违反本规定,客运经营者或者其委托的售票单位、客运站经营者不按规定使用道路运输业专用票证或者转让、倒卖、伪造道路运输业专用票证的,由县级以上道路运输管理机构责令改正,处1000元以上3000元以下的罚款。

第九十九条　违反本规定,客运经营者有下列情形之一的,由交通运输主管部门责令改正,处1000元以上2000元以下的罚款：

(一)客运班车不按照批准的配客站点停靠或者不按照规定的线路、日发班次下限行驶的；

(二)加班车、顶班车、接驳车无正当理由不按照规定的线路、站点运行的；

(三)擅自将旅客移交他人运输的；

(四)在旅客运输途中擅自变更运输车辆的；

(五)未报告原许可机关,擅自终止道路客运经营的；

(六)客运包车未持有效的包车客运标志牌进行经营的,不按照包车客运标志牌载明的事项运行的,线路两端均不在车籍所在地的,招揽包车合同以外的旅客乘车的；

(七)开展定制客运未按照规定备案的；

(八)未按照规定在发车前对旅客进行安全事项告知的。

违反前款第(一)至(五)项规定,情节严重的,由原许可机关吊销相应许可。

客运经营者强行招揽旅客的,由交通运输主管部门责令改正,处1000元以上3000元以下的罚款；情节严重的,由原许可机关吊销相应许可。

第一百条　违反本规定,客运经营者有下列情形之一的,由县级以上道路运输管理机构责令改正,处1000元以上3000元以下的罚款：

(一)客运班车不按照批准的配客站点停靠或者不按照规定的线路、日发班次下限行驶的；

(二)加班车、顶班车、接驳车无正当理由不按照规定的线路、站点运行的；

(三)以欺骗、暴力等手段招揽旅客的；

(四)擅自将旅客移交他人运输的；

(五)在旅客运输途中擅自变更运输车辆的；

(六)未报告原许可机关,擅自终止道路客运经营的；

(七)客运包车未持有效的包车客运标志牌进行经营的,不按照包车客运标志牌载明的事项运行的,线路两端均不在车籍所在地的,招揽包车合同以外的旅客乘车的；

（八）开展定制客运未按照规定备案的；

（九）未按照规定在发车前对旅客进行安全事项告知的。

违反前款第（一）至（六）项规定，情节严重的，由原许可机关吊销相应许可。

第一百零一条　违反本规定，客运经营者、客运站经营者存在重大运输安全隐患等情形，导致不具备安全生产条件，经停产停业整顿仍不具备安全生产条件的，由县级以上道路运输管理机构依法吊销相应许可。

第一百零二条　违反本规定，客运站经营者有下列情形之一的，由县级以上道路运输管理机构责令改正，处1万元以上3万元以下的罚款：

（一）允许无经营证件的车辆进站从事经营活动的；

（二）允许超载车辆出站的；

（三）允许未经安全检查或者安全检查不合格的车辆发车的；

（四）无正当理由拒绝客运车辆进站从事经营活动的；

（五）设立的停靠点未按照规定备案的。

第一百零三条　违反本规定，客运站经营者有下列情形之一的，由县级以上道路运输管理机构责令改正；拒不改正的，处3000元的罚款；有违法所得的，没收违法所得：

（一）擅自改变客运站的用途和服务功能的；

（二）不公布运输线路、配客站点、班次、发车时间、票价的。

第一百零四条　违反本规定，网络平台有下列情形之一的，由县级以上道路运输管理机构责令改正，处3000元以上1万元以下的罚款：

（一）发布的提供服务班车客运经营者与实际提供服务班车客运经营者不一致的；

（二）发布的提供服务车辆与实际提供服务车辆不一致的；

（三）发布的提供服务驾驶员与实际提供服务驾驶员不一致的；

（四）超出班车客运经营者许可范围开展定制客运的。

网络平台接入或者使用不符合规定的班车客运经营者、车辆或者驾驶员开展定制客运的，由县级以上道路运输管理机构责令改正，处1万元以上3万元以下的罚款。

5.2 《道路旅客运输企业安全管理规范》

为加强和规范道路旅客运输企业安全生产工作，提高企业安全管理水平，全面落实企业安全生产主体责任，有效预防和减少道路交通事故，依据《安全生产法》《道路交通安全法》《道路交通安全法实施条例》《道路运输条例》等有关法律、法规，交通运输部制定了《道路旅客运输企业安全管理规范》（交运规〔2023〕4号，以下简称《规范》）。该规范有总则、安全生产基础保障、安全生产职责、安全生产制度、安全风险管控与隐患排查治理、安全生产绩效管理、附则 7 章 82 条。

从事道路旅客运输经营的企业适用于本规范。

5.2.1 安全生产基础保障

客运企业依据《规范》在"安全生产基础保障"方面开展隐患排查治理工作的要求见表 5-5。

安全生产基础保障　　　　　　　　　　　　　　　　表 5-5

企业主要负责人签字：　　　　　　　　　　日期：
安全生产管理人员签字：　　　　　　　　　　日期：
从业人员签字：　　　　　　　　　　　　　　日期：

	排查内容 （《规范》有关条款）	排查（检查）情况	治理措施	备注
第六条	客运企业及分支机构应当依法设置安全生产管理机构或者配备专职安全生产管理人员。设置安全生产管理机构的，安全生产管理机构应当包括企业主要负责人（包括法定代表人和实际控制人、实际负责人）、运输经营、安全管理、车辆技术管理、从业人员管理、动态监控等业务负责人及分支机构的主要负责人			
第七条	拥有 20 辆（含）以上客运车辆的客运企业应当设置安全生产管理机构，配备专职安全生产管理人员，并提供必要的工作条件。拥有 20 辆以下客运车辆的客运企业应当配备专职安全生产管理人员，并提供必要的工作条件			
	专职安全生产管理人员配备数量原则上按以下标准确定：对于 300 辆（含）以下客运车辆的，按照每 50 辆车 1 人的标准配备，最低不少于 1 人；对于 300 辆以上客运车辆的，按照每增加 100 辆增加 1 人的标准配备			
	客运企业作出涉及安全生产的经营决策，应当听取安全生产管理机构以及安全生产管理人员的意见，不得因安全生产管理人员依法履行职责而降低其工资、福利等待遇或者解除劳动合同			
第八条	客运企业主要负责人和安全生产管理人员应当具备与本企业所从事的道路旅客运输生产经营活动相适应的安全生产知识和管理能力，并按规定经交通运输主管部门对其安全生产知识和管理能力考核合格；或者取得注册安全工程师（道路运输安全）执业资格，在道路运输领域有效注册后向属地市级交通运输主管部门报备，并做好相关信息上传工作。客运企业主要负责人和安全生产管理人员应当在从事道路旅客运输安全生产相关工作 6 个月内完成安全考核工作			

续上表

排查内容 (《规范》有关条款)			排查(检查)情况	治理措施	备注
第九条		客运企业应当对从业人员进行安全生产教育培训,未经安全生产教育培训合格的从业人员,不得上岗作业			
		客运企业使用实习学生的,应当将实习学生纳入本企业从业人员统一进行安全生产教育培训。企业采用新工艺、新技术、新材料或者使用新设备,应当对从业人员进行专门的安全生产教育培训			
		从业人员的安全生产教育培训应当以客运企业自主培训为主,也可委托、聘请具备对外开展安全生产教育培训业务的机构或其他客运企业进行安全生产教育培训			
		客运企业主要负责人和安全生产管理人员初次安全生产教育培训时间不得少于24学时,每年再培训时间不少于12学时,每个学时不得少于45分钟			
第十条		客运企业应当定期召开安全生产工作会议和安全例会			
		安全生产工作会议至少每季度召开1次,研究解决安全生产中的重大问题,安排部署阶段性安全生产工作。安全例会至少每月召开1次,通报和布置落实各项安全生产工作。拥有20辆以下客运车辆的客运企业,安全生产工作会议可与安全例会一并召开			
		客运企业发生造成人员死亡、3人(含)以上重伤、恶劣社会影响的生产安全事故后,应当及时召开安全生产工作会议或安全例会进行分析和通报			
		安全生产工作会议和安全例会应当有会议记录,会议记录应建档保存,保存期不少于36个月			
第十一条		客运企业应当保障安全生产投入,依据有关规定,按照上一年度营业收入1.5%的比例确定企业本年度安全生产费用应计提金额,并逐月平均提取,专项核算。安全生产费用主要用于			
	1	完善、改造、维护安全运营设施设备支出(不含"三同时"要求初期投入的安全设施),包括运输设施设备安全状况检测及维护、运输设施设备附属安全设备等支出			
	2	道路运输车辆动态监控平台、视频监控系统的建设、运行、维护和升级改造,以及具有行驶记录功能的卫星定位装置、视频监控装置的购置、安装和使用等支出			

续上表

排查内容（《规范》有关条款）		排查(检查)情况	治理措施	备注
第十一条	3 配备、维护、保养应急救援器材、设备支出和应急救援队伍建设、应急预案制修订与应急演练支出			
	4 开展安全风险分级管控和事故隐患排查整改支出,安全生产信息化、智能化建设、运维和网络安全支出			
	5 安全生产检查、评估评价(不含新建、改建、扩建项目安全评价)、咨询和安全生产标准化建设支出			
	6 配备和更新现场作业人员安全防护用品支出			
	7 安全生产宣传、教育、培训和从业人员发现并报告事故隐患的奖励支出			
	8 安全生产适用的新技术、新标准、新工艺、新装备的推广应用支出			
	9 安全设施及特种设备检验检测、检定校准支出			
	10 承运人责任险及安全生产责任保险支出			
	11 其他与安全生产直接相关的支出			
第十二条	客运企业应当按照有关法律法规要求,投保承运人责任险、工伤保险等安全生产责任保险和机动车交通事故责任强制保险			
第十三条	鼓励客运企业采用交通安全统筹等形式,加强行业互助,提高企业抗风险能力			

5.2.2 安全生产职责

客运企业依据《规范》在"安全生产职责"方面开展隐患排查治理工作的要求见表5-6。

安全生产职责 表5-6

企业主要负责人签字： 日期：
安全生产管理人员签字： 日期：
从业人员签字： 日期：

排查内容（《规范》有关条款）		排查(检查)情况	治理措施	备注
第十四条	客运企业应当依法建立健全全员安全生产责任制,将本企业的安全生产责任分解到各部门、各岗位,明确责任人员、责任内容、目标和考核标准。安全生产责任制内容应当包括			
	1 主要负责人的安全生产责任、目标及考核标准			
	2 分管安全生产和运输经营的负责人的安全生产责任、目标及考核标准			

续上表

排查内容 (《规范》有关条款)			排查(检查)情况	治理措施	备注
第十四条	3	管理科室、分支机构及其负责人的安全生产责任、目标及考核标准			
	4	车队和车队队长的安全生产责任、目标及考核标准			
	5	岗位从业人员的安全生产责任、目标及考核标准			
第十五条		客运企业应当与各分支机构层层签订安全生产目标责任书,制定明确的考核指标,定期考核并公布考核结果及奖惩情况			
第十六条		客运企业应当实行安全生产一岗双责。客运企业的法定代表人和实际控制人为安全生产的第一责任人,负有安全生产的全面责任;分管安全生产的负责人协助主要负责人履行安全生产职责,对安全生产工作负组织实施和综合管理及监督的责任;其他负责人对各自职责范围内的安全生产工作负直接管理责任。企业党组织、工会、各职能部门、各岗位人员在职责范围内承担相应的安全生产职责			
第十七条		客运企业的主要负责人对本单位安全生产工作负有下列职责			
	1	严格执行安全生产法律、法规、规章、规范和标准,组织落实相关管理部门的工作部署和要求			
	2	建立健全并落实本单位全员安全生产责任制,加强安全生产标准化建设			
	3	组织制定并实施本单位安全生产规章制度、客运驾驶员和车辆安全生产管理办法以及安全生产操作规程			
	4	组织制定并实施本单位的安全生产教育和培训计划			
	5	保证本单位安全生产投入的有效实施			
	6	组织建立并落实安全风险分级管控和隐患排查治理双重预防工作机制,督促、检查本单位安全生产工作,及时消除生产安全事故隐患			
	7	组织制定并实施本单位生产安全事故应急救援预案,开展应急救援演练			
	8	定期组织分析本单位的安全生产形势,研究解决重大安全生产问题			
	9	按相关规定及时、如实报告道路客运生产安全事故,落实生产安全事故处理的有关工作			
	10	实行安全生产绩效管理,定期公布本单位安全生产情况,认真听取和积极采纳工会、职工关于安全生产的合理化建议和要求			

续上表

		排查内容 (《规范》有关条款)	排查(检查)情况	治理措施	备注
第十八条		客运企业的安全生产管理机构及安全生产管理人员对本单位安全生产工作负有下列职责			
	1	严格执行安全生产法律、法规、规章、规范和标准,参与企业安全生产决策,提出改进和加强安全生产管理的建议			
	2	组织或者参与制定本单位安全生产规章制度、客运驾驶员和车辆安全生产管理制度、动态监控管理制度、操作规程和生产安全事故应急救援预案,明确各部门、各岗位的安全生产职责,督促贯彻执行			
	3	组织或参与本单位安全生产宣传、教育和培训,加强事故案例警示教育,总结和推广安全生产工作的先进经验,如实记录安全生产教育和培训情况			
	4	组织开展危险源辨识和评估,督促落实本单位重大危险源的安全管理措施;督促落实本单位安全风险管控和隐患排查管理措施,组织或者参与本单位应急救援演练,督促落实本单位安全生产整改措施			
	5	组织或参与制定本单位安全生产年度管理绩效目标和安全生产管理工作计划,组织实施考核工作			
	6	组织或参与制定本单位安全生产经费投入计划和安全技术措施计划,组织实施或监督相关部门实施			
	7	组织开展本单位的安全生产检查,对检查出的安全隐患及其他安全问题应当及时督促处理;情况严重的,应当依法停止生产活动。对相关管理部门抄告、通报的车辆和客运驾驶员交通违法行为,应当进行及时处理。制止和纠正违章指挥、冒险作业、违反操作规程的行为			
	8	发生生产安全事故时,按照有关规定,及时报告相关管理部门;组织或者参与本单位生产安全事故的调查处理,承担生产安全事故统计和分析工作			
	9	其他安全生产管理工作			
第十九条		客运企业应当履行法律、法规、规章规定的其他安全生产职责			

5.2.3 安全生产制度

1) 客运驾驶员管理

客运企业依据《规范》在"客运驾驶员管理"方面开展隐患排查治理工作的要求见表5-7。

客运驾驶员管理   表5-7

企业主要负责人签字：　　　　　　　　　　　日期：
安全生产管理人员签字：　　　　　　　　　　日期：
从业人员签字：　　　　　　　　　　　　　　日期：

	排查内容 （《规范》有关条款）	排查(检查)情况	治理措施	备注
第二十条	客运企业应当依法建立客运驾驶员聘用制度，可依法探索驾驶员第三方劳务派遣管理制度。统一录用程序和客运驾驶员录用条件，严格审核客运驾驶员从业资格条件、安全行车经历及职业健康检查结果，对实际驾驶技能进行测试			
	驾驶员存在下列情况之一的，客运企业不得聘用其驾驶客运车辆			
	1　无有效的、适用的机动车驾驶证和从业资格证件，以及诚信考核不合格或被列入黑名单的			
	2　36个月内发生道路交通事故致人死亡且负同等以上责任的			
	3　最近3个完整记分周期内有1个记分周期交通违法记满12分的			
	4　36个月内有酒后驾驶、超员20%以上、超速50%（高速公路超速20%）以上或12个月内有3次以上公安机关交通管理部门记录超速违法行为的			
	5　有吸食、注射毒品行为记录，或者长期服用依赖性精神药品成瘾尚未戒除的，以及发现其他职业禁忌的			
	6　已经取得驾驶证，但身体条件变化，有器质性心脏病、癫痫病、美尼尔氏症、眩晕症、癔病、震颤麻痹、精神病、痴呆以及影响肢体活动的神经系统疾病等妨碍安全驾驶疾病的			
第二十一条	客运企业应当建立客运驾驶员岗前培训制度，培训合格方可上岗			

续上表

排查内容 (《规范》有关条款)		排查(检查)情况	治理措施	备注
第二十一条	岗前培训的主要内容包括：道路交通安全和安全生产相关法律法规、安全行车知识和应急驾驶操作技能、交通事故案例警示教育、职业道德、安全告知知识、交通事故法律责任规定、防御性驾驶技术、伤员急救常识等安全与应急处置知识、企业有关安全运营管理的规定等			
	客运驾驶员岗前培训不少于24学时，并应在此基础上实际跟车实习，提前熟悉客运车辆性能和客运线路情况。客运驾驶员更换新的客运车辆、客运线路的，也应当进行跟车实习，熟悉客运车辆性能和客运线路情况后方可独立驾驶			
第二十二条	客运企业应当建立客运驾驶员安全教育培训及考核制度			
	客运企业对客运驾驶员进行定期全覆盖培训，每人安全教育培训应当每月不少于2学时，安全教育培训内容应当包括：法律法规、典型交通事故案例、技能训练、安全驾驶经验交流、突发事件应急处置训练等			
	客运企业应当组织和督促本企业诚信考核等级为不合格的客运驾驶员参加继续教育，保证客运驾驶员参加继续教育培训的时间，提供必要的学习条件。客运企业可依托互联网技术积极创新、改进安全培训教育手段，丰富培训方式，及时全面开展驾驶员安全培训教育			
	客运企业应在客运驾驶员接受安全教育培训后，对客运驾驶员教育培训的效果进行统一考核。客运驾驶员安全教育培训考核的有关资料应纳入客运驾驶员教育培训档案。客运驾驶员教育培训档案的内容应包括：培训内容、培训时间、培训地点、授课人、参加培训人员签名、考核人员和安全生产管理人员签名、培训考核情况等。档案保存期限不少于36个月			
	客运企业应当每月分析客运驾驶员的道路交通违法信息和事故信息，及时进行针对性的教育和处理			
第二十三条	客运企业应当建立客运驾驶员从业行为定期考核制度			
	考核内容主要包括：客运驾驶员违法违规情况、交通事故情况、道路运输车辆动态监控平台和视频监控系统发现的违规驾驶情况、服务质量、安全运营情况、安全操作规程执行情况以及参加教育培训情况等。考核周期应不大于3个月			
	客运驾驶员从业行为定期考核结果应与企业安全生产奖惩制度挂钩			

续上表

排查内容 (《规范》有关条款)		排查(检查)情况	治理措施	备注
第二十四条	客运企业应当建立客运驾驶员信息档案管理制度。客运驾驶员信息档案实行一人一档,及时更新。客运驾驶员信息档案应当包括:客运驾驶员基本信息、体检表、安全驾驶信息、交通事故信息、交通违法信息、内部奖惩、诚信考核信息等			
第二十五条	客运企业应当建立客运驾驶员调离和辞退制度。客运企业发现客运驾驶员具有本规范第二十条规定情形的,应当严肃处理并及时调离驾驶岗位;并对存在(一)至(五)规定情形之一的严肃处理,情节严重的应当依法予以辞退			
第二十六条	客运企业应当建立客运驾驶员安全告诫制度。客运企业应指定专人、委托客运站或者采用信息化、智能化手段对客运驾驶员出车前进行问询、告知,预防客运驾驶员酒后、带病、疲劳、带不良情绪上岗、不具备驾驶资格驾驶车辆或者上岗前服用影响安全驾驶的药物,督促客运驾驶员做好车辆的日常维护和检查			
第二十七条	客运企业应当关心客运驾驶员的身心健康,每年组织客运驾驶员进行体检,加强对客运驾驶员的心理疏导、精神慰藉,对发现客运驾驶员身体条件不适宜继续从事驾驶工作的,应及时调离驾驶岗位			
	客运企业应当督促客运驾驶员及时处理交通违法、交通事故,按规定办理机动车驾驶证、从业资格证审验、换证			
	客运企业应当建立防止客运驾驶员疲劳驾驶制度,为客运驾驶员创造良好的工作环境,合理安排运输任务,保障客运驾驶员落地休息,防止客运驾驶员疲劳驾驶			

2)客运车辆管理

客运企业依据《规范》在"客运车辆管理"方面开展隐患排查治理工作的要求见表5-8。

客运车辆管理　　　　　　　　　　　　　　　　　　表5-8

企业主要负责人签字:　　　　　　　　　　　　日期:

安全生产管理人员签字:　　　　　　　　　　　日期:

从业人员签字:　　　　　　　　　　　　　　　日期:

排查内容 (《规范》有关条款)		排查(检查)情况	治理措施	备注
第二十八条	客运企业应当建立客运车辆选用管理制度			

续上表

	排查内容 (《规范》有关条款)	排查(检查)情况	治理措施	备注
第二十八条	客运企业应当按照相关法律法规和标准要求,统一选型、统一车身标识、统一购置符合道路旅客运输技术要求的车辆从事运营。鼓励客运企业选用安全、节能、环保型客车			
	客运企业不得使用报废、擅自改装、拼装、检验检测不合格以及其他不符合国家规定的车辆从事道路旅客运输经营			
第二十九条	拥有20辆(含)以上客运车辆的客运企业应当设置车辆技术管理机构,配备专业车辆技术管理人员,提供必要的工作条件。拥有20辆以下客运车辆的客运企业应当配备专业车辆技术管理人员,提供必要的工作条件			
	专业车辆技术管理人员原则上按照每50辆车1人的标准配备,最低不少于1人			
第三十条	客运企业应当建立客运车辆技术档案管理制度。按照规定建立客运车辆技术档案,实行一车一档,实现车辆从购置到退出运输市场的全过程管理。客运车辆转移所有权或者车籍地时,技术档案应当随车移交			
	客运车辆技术档案内容应当准确、详实,包括:车辆基本信息,机动车检验检测报告(含车辆技术等级),道路运输达标车辆核查记录表、客车类型等级审验、车辆维护和修理(含《机动车维修竣工出厂合格证》)、车辆主要零部件更换、车辆变更、行驶里程、对车辆造成损伤的交通事故等记录			
	客运企业应当逐步建立客运车辆技术信息化管理系统,完善客运车辆的技术管理			
第三十一条	客运企业应当建立客运车辆维护制度			
	客运企业应当依据国家有关标准和车辆维修手册、使用说明书等,结合车辆类别、车辆运行状况、行驶里程、道路条件、使用年限等因素,科学合理制定客运车辆维护周期,确保车辆维护正常			
	客运车辆日常维护由客运驾驶员实施,一级维护和二级维护由客运企业按照相关规定组织实施,并做好记录			
第三十二条	客运企业应当建立客运车辆技术状况检查制度			
	客运企业应当配合客运站做好车辆安全例检,对未按规定进行安全例检或安全例检不合格的车辆不得安排运输任务			

续上表

排查内容 (《规范》有关条款)		排查(检查)情况	治理措施	备注
第三十二条	对于不在客运站进行安全例检的客运车辆,客运企业应当安排专业技术人员在每日出车前或收车后按照安全例检规定对客运车辆的技术状况进行检查,也可委托客运站经营者或者具备条件的维修企业等开展车辆安全例检,明确委托双方的责任和义务。开展安全例检的专业技术人员应当熟悉车辆结构、例检方法和相关要求。对于1个趟次超过1日的运输任务,途中的车辆技术状况检查由客运驾驶员具体实施			
	客运企业应主动排查并及时消除车辆安全隐患,每月检查车内安全带、应急锤、灭火器、三角警告牌,发动机增压器隔热罩、排气管隔热棉、发动机舱自动灭火装置,以及应急门、应急窗、安全顶窗的开启装置等是否齐全、有效,安全出口通道是否畅通,确保客运车辆应急装置和安全设施处于良好的技术状况			
	客运企业配备新能源车辆的,应该根据新能源车辆种类、特点等,建立专门的检查制度,确保车辆技术状况良好			
	客运企业不得要求客运驾驶员驾驶技术状况不良的客运车辆从事运输作业。发现客运驾驶员驾驶技术状况不良的客运车辆时,应及时采取措施纠正			
第三十三条	客运企业应当按照有关规定建立车辆检验检测和年度审验、检验制度。严格执行道路运输车辆安全技术状况检验、综合性能检测和技术等级评定制度,确保车辆符合安全技术条件。逾期未年审、年检或年审、年检不合格的车辆禁止从事道路旅客运输经营			
第三十四条	客运企业应当建立客运车辆改型和报废管理制度			
	客运车辆报废应当严格执行国家有关规定。对达到国家报废标准或者检测不符合国家强制性要求的客运车辆,不得继续从事客运经营。客运企业应当按规定将报废车辆交售给机动车回收企业,并及时办理车辆注销登记,交回道路运输证			
第三十五条	客运企业应当加强对停放客运车辆的安全管理,明确停放客运车辆的安全管理责任人。客运企业原则上应自备或租用相应停车场所,对停放客运车辆进行统一管理			

3) 运输组织

客运企业依据《规范》在"运输组织"方面开展隐患排查治理工作的要求见表5-9。

运输组织　　　　　　　　　　　　　　　　　　　　　　　表5-9

企业主要负责人签字：　　　　　　　　　　　　日期：
安全生产管理人员签字：　　　　　　　　　　　　日期：
从业人员签字：　　　　　　　　　　　　　　　　日期：

	排查内容 (《规范》有关条款)		排查(检查)情况	治理措施	备注
第三十六条	客运企业在申请班车客运线路经营时应当进行实际线路考察，按照许可的要求投放客运车辆				
	客运企业应当组织对每条班车客运线路的交通状况、限速情况、气候条件、沿线安全隐患路段情况等建立信息台账，定期更新并及时提供给客运驾驶员				
第三十七条	客运企业在制定运输计划时应当严格遵守通行道路的限速要求，以及客运车辆(9座以上)夜间(22时至次日6时，下同)行驶速度不得超过日间限速80%的要求，不得制定可能导致客运驾驶员为按计划完成运输任务而违反通行道路限速要求的运输计划				
	客运企业不得要求客运驾驶员超速驾驶客运车辆。企业应主动查处客运驾驶员超速驾驶客运车辆的行为，发现客运驾驶员超速驾驶客运车辆时，企业应及时采取措施纠正				
第三十八条	客运企业在制定运输计划时应当严格遵守客运驾驶员驾驶时间和休息时间等规定				
	1	日间连续驾驶时间不得超过4小时，夜间连续驾驶时间不得超过2小时，每次停车休息时间应不少于20分钟			
	2	在24小时内累计驾驶时间不得超过8小时			
	3	任意连续7日内累计驾驶时间不得超过44小时，期间有效地落实休息			
	4	禁止在夜间驾驶客运车辆通行达不到安全通行条件的三级及以下山区公路			
	5	长途客运车辆凌晨2时至5时停止运行或实行接驳运输；从事线路固定的机场高铁快线、通勤包车、定制客运以及短途驳载且单程运营里程在200公里以内的客运车辆，在确保安全的前提下，不受凌晨2时至5时通行限制			

续上表

排查内容 (《规范》有关条款)		排查(检查)情况	治理措施	备注
第三十八条	客运企业不得要求客运驾驶员违反驾驶时间和休息时间等规定驾驶客运车辆。企业应主动查处客运驾驶员违反驾驶时间和休息时间等规定的行为,发现客运驾驶员违反驾驶时间和休息时间等规定驾驶客运车辆时,应及时采取措施纠正			
第三十九条	客运企业应当严格遵守长途客运驾驶员配备要求			
	1　单程运行里程超过400公里(高速公路直达客运超过600公里)的客运车辆应当配备2名及以上客运驾驶员			
	2　实行接驳运输的,且接驳距离小于400公里(高速公路直达客运小于600公里)的,客运车辆运行过程中可只配备1名驾驶员,接驳点待换驾驶员视同出站随车驾驶员			
第四十条	客运企业应当规范运输经营行为			
	客运班车应当严格按照许可的起讫地、日发班次下限和备案的途经线路运行,在起讫地客运站点和中途停靠地客运站点(统称配客站点)上下旅客,不得在规定的配客站点外上客或者沿途揽客,无正当理由不得改变途经路线。客运班车在遵守道路交通安全、城市管理相关法律法规的前提下,可以在起讫地、中途停靠地所在的城市市区、县城城区沿途下客。重大活动期间,客运班车应当按照交通运输主管部门指定的配客站点上下旅客。对于成立线路公司的道路客运班线,可自主确定中途停靠地客运站点并告知原许可机关,提前向社会公布,方便乘客上下车			
	客运车辆不得超过核定的载客人数,但按照规定免票的儿童除外,在载客人数已满的情况下,按照规定免票的儿童不得超过核定载客人数的10%			
	客运车辆不得违反规定载货,行李堆放区和乘客区要隔离,不得在行李堆放区内载客,客运班车行李舱载货应当执行《客运班车行李舱载货运输规范》(JT/T1135)			
	客运包车应当凭包车客运标志牌,按照约定的时间、起始地、目的地和线路,持包车合同运行,不得承运包车合同约定之外的旅客,不得使用设置乘客站立区的客车;除执行交通运输主管部门下达的紧急包车任务外,其线路一端应当在车籍所在地设区的市,单个运次不超过15日。客运驾驶员应当提前了解和熟悉客运包车路线和路况,谨慎驾驶			

续上表

	排查内容 (《规范》有关条款)	排查(检查)情况	治理措施	备注
第四十一条	实行接驳运输的客运企业应当按照规定制定接驳运输安全生产管理制度和接驳运输线路运行组织方案,并向交通运输主管部门报送,按规定为接驳运输车辆安装视频监控装置后,方可实行接驳运输			
	客运企业制定接驳运输线路运行组织方案应当避免驾驶员疲劳驾驶,并对接驳点进行实地查验,保证接驳点满足停车、驾驶员住宿、视频监控及信息传输等安全管理功能需求			
	客运企业直接管理接驳点的或者进驻接驳运输联盟和其他接驳运输企业运营的接驳点,应当在指定接驳点和接驳时段进行接驳,履行接驳手续,建立健全接驳运输台账。接驳运输台账、行车单、车辆动态监控信息、接驳过程相关图像信息等保存期限不少于6个月			
	凌晨2时至5时运行的接驳运输车辆,应当在前续22时至凌晨2时之间完成接驳。在此时间段内未完成接驳的车辆,凌晨2时至5时应当在具备安全停车条件的地点停车休息			
	客运企业应当通过动态监控、视频监控、接驳信息记录检查、现场抽查等方式,加强接驳运输管理和安全隐患排查治理,严格执行接驳运输流程和旅客引导等服务;发现违规操作的,应当立即纠正			
第四十二条	从事包车客运的客运企业应当建立包车客运标志牌统一管理制度。客运企业应当按规定将从事省际包车业务的客运车辆、客运驾驶员、起讫地、主要途经地等信息和包车合同通过道路运政管理信息系统(包车客运信息管理功能模块)向车籍地交通运输主管部门报送。车籍地交通运输主管部门应当对起讫地、主要途经地等是否与包车合同衔接一致进行审核。审核通过后,客运企业方可打印包车客运标志牌并加盖公章,开展相关包车客运业务。客运企业应当指定专人签发包车客运标志牌,领用人应当签字登记,结束运输任务后及时交回客运标志牌。客运企业不得发放空白包车客运标志牌。从事省内包车客运的应当落实省级人民政府交通运输主管部门关于省内包车客运管理的有关规定			
	定线通勤包车可根据合同进行定期审核,使用定期(月、季、年)包车客运标志牌,最长不得超过12个月			

续上表

	排查内容 (《规范》有关条款)	排查(检查)情况	治理措施	备注
第四十三条	从事省际、市际班线客运和包车客运的客运企业应当建立客运驾驶员行车日志制度,督促客运驾驶员如实填写行车日志,行车日志式样见附件。行车日志信息应当包含:驾驶员姓名、车辆牌照号、起讫地点及中途站点,车辆技术状况检查情况(车辆故障等),客运驾驶员停车休息情况,以及行车安全事故等。行车日志保存期限不少于6个月。鼓励客运企业采取信息化手段,有效落实客运驾驶员行车日志制度			
	客运企业安全生产管理人员应当对客运驾驶员每趟次填写的行车日志进行审核、检查,发现问题及时纠正			
第四十四条	客运企业开通农村客运班线,应当符合《道路旅客运输及客运站管理规定》等规定的条件,并通过相关部门联合开展的农村客运班线通行条件审核,确保农村客运班线途经公路的技术条件、安全设施,车辆技术要求、运行限速等相匹配。农村客运班线经营期限到期后重新提出申请的,如通行条件无变化,不再重复开展通行条件审核。农村客运班线使用设置乘客站立区客车的,应当报地市级人民政府同意;直辖市辖区范围内的,应当报直辖市人民政府同意			
	农村客运班车中途停靠地客运站点可以由其经营者自行决定,并告知原许可机关。鼓励客运企业在保障乘客乘车需求和出行安全的前提下,优先选购农村客货邮融合发展适配车型			
第四十五条	对于城市(区)间公交化运营客运线路,客运车辆应当严格按照核定载客人数运营			
第四十六条	班车客运经营者开展定制客运的,应当向原许可机关备案,客运驾驶员应当取得相应从业资格,车辆应当使用核定载客人数7座及以上的营运客车			
	定制客运企业应当随车配备或者在中途停靠地配备便携式安检设备,由驾驶员或者中途停靠地工作人员对乘客携带的行李物品进行安检,一类、二类道路客运班线还应当按规定实行实名制售票并对乘客开展人、票、证一致性查验			
	定制客运车辆在遵守道路交通安全、城市管理相关法律法规的前提下,可以在道路客运班线起讫地、中途停靠地的城市市区、县城城区按乘客需求停靠			

续上表

	排查内容 (《规范》有关条款)	排查(检查)情况	治理措施	备注
第四十七条	客运企业应当建立并有效实施安全告知制度,由驾乘人员在发车前按照相关要求向旅客告知,或者在发车前向旅客播放安全告知、安全带宣传等音像资料。驾乘人员应当在发车前提醒乘客全程系好安全带。鼓励客运企业依托车载视频监控装置,对旅客使用安全带情况进行抽查、提醒			
第四十八条	所属车辆从汽车客运站发车的客运企业应当与汽车客运站经营者签订进站协议,明确双方的安全责任,严格遵守汽车客运站的安全生产规定			

4) 动态监控

客运企业依据《规范》在"动态监控"方面开展隐患排查治理工作的要求见表 5-10。

动态监控　　　　　　　　　　　　　　　　表 5-10

企业主要负责人签字：　　　　　　　　　　日期：
安全生产管理人员签字：　　　　　　　　　日期：
从业人员签字：　　　　　　　　　　　　　日期：

	排查内容 (《规范》有关条款)	排查(检查)情况	治理措施	备注
第四十九条	客运企业应当建立具有行驶记录功能的卫星定位装置(以下简称卫星定位装置)安装、使用及维护制度			
	客运企业应当按照相关规定为其客运车辆安装符合标准的卫星定位装置,并有效接入符合标准的道路运输车辆动态监控平台及全国重点营运车辆联网联控系统			
	客运企业应当确保卫星定位装置正常使用,定期检查并及时排除卫星定位装置存在的故障,保持车辆运行实时在线。卫星定位装置出现故障、不能保持在线的客运车辆,客运企业不得安排其承担道路旅客运输经营任务			
	客运企业应当依法对恶意人为干扰、屏蔽卫星定位装置信号、破坏卫星定位装置、篡改卫星定位装置数据的人员给予处理,情节严重的应当调离相应岗位			
第五十条	客运企业应当建立道路运输车辆动态监控平台建设、维护及管理制度			
	客运企业应当按照标准建设道路运输车辆动态监控平台,或者使用符合条件的社会化道路运输车辆动态监控平台,在监控平台中完整、准确地录入所属客运车辆和驾驶员的基础资料等信息,并及时更新			

续上表

排查内容 (《规范》有关条款)		排查(检查)情况	治理措施	备注
第五十条	客运企业应当确保道路运输车辆动态监控平台正常使用,定期检查并及时排除监控平台存在的故障,保持车辆运行时在线。客运企业应当按照相关法律法规规定以及车辆行驶道路限速、行驶时间等实际情况,在道路运输车辆动态监控平台中设置监控超速行驶、疲劳驾驶的预警值和报警限值,以及核定运营线路、区域及夜间行驶时间			
第五十一条	客运企业应当配备专职道路运输车辆动态监控人员,建立并严格落实动态监控人员管理制度			
	专职动态监控人员配置原则上按照监控平台每接入100辆车1人的标准配备,最低不少于2人。监控人员应当掌握国家相关法律法规和政策,熟悉动态监控系统的使用和动态监控数据的统计分析,经企业或者委托具备培训能力的机构培训、考试合格后上岗			
	客运企业应当依法对不按照动态监控制度要求严格监控车辆行驶状况的动态监控人员给予处理,情节严重的应当调离相应工作岗位			
第五十二条	客运企业应当建立客运车辆动态信息处理制度			
	客运企业应当在客运车辆运行期间对客运车辆和驾驶人进行实时监控和管理。动态监控人员应当实时分析、处理车辆行驶动态信息,及时提醒客运驾驶员纠正超速行驶、疲劳驾驶等违法行为,并记录存档至动态监控台账;对经提醒仍然继续违法驾驶的客运驾驶员,应当及时向企业安全生产管理机构或安全生产管理人员报告,企业安全生产管理机构或安全生产管理人员应当立即采取措施制止;对拒不执行制止措施仍然继续违法驾驶的,企业应当及时报告公安机关交通管理部门,并在事后解聘客运驾驶员			
第五十三条	客运车辆发生道路交通事故的,客运企业应当在接到事故信息后立即封存客运车辆动态监控数据,配合事故调查,如实提供车辆动态监控数据。车辆安装视频监控装置的,还应当提供视频资料			
第五十四条	客运企业应当建立客运车辆动态信息统计分析制度			
	客运企业应当定期对道路运输车辆动态监控数据质量问题、驾驶员违法违规驾驶行为进行汇总分析,及时采取措施处理			

续上表

排查内容（《规范》有关条款）		排查(检查)情况	治理措施	备注
第五十四条	对存在交通违法、违规信息的客运驾驶员，客运企业应当在事后及时给予处理，对多次存在违法、违规行为的驾驶员应当作为重点监控和安全培训教育的重点对象。客运车辆动态监控数据应当至少保存6个月，违法驾驶信息及处理情况应当至少保存36个月			
	鼓励客运企业利用道路运输车辆动态监控系统，对客运驾驶员安全行驶里程进行统计分析，开展安全行车竞赛活动			
第五十五条	客运企业应当运用动态监控手段做好客运车辆的组织调度，并及时发送涉及客运车辆的典型道路交通事故通报、安全提示、预警信息等			
第五十六条	鼓励客运企业在一类、二类班线客车和旅游包车上安装、使用智能视频监控装置对客运驾驶员违规操作、疲劳驾驶、违规使用手机等行为进行监控和管理			
第五十七条	客运企业可以委托第三方机构对企业所属客运车辆进行动态监控，但不因委托而改变企业的动态监控主体责任			
	客运企业应当与第三方机构通过合同约定的形式，明确由第三方机构实时、准确地提供客运车辆和客运驾驶员的违法违规行为的动态监控信息。客运企业应当及时对相关违法违规行为进行处理，并建立企业内部动态监控管理台账			
	客运企业委托第三方机构对所属客运车辆进行动态监控的，第三方专职动态监控人员视同企业专职动态监控人员配置			

5) 安全生产操作规程

客运企业依据《规范》在"安全生产操作规程"方面开展隐患排查治理工作的要求见表5-11。

安全生产操作规程　　　　　　　　　　　　　　　　　表5-11

企业主要负责人签字：　　　　　　　　　　　　　　日期：
安全生产管理人员签字：　　　　　　　　　　　　　日期：
从业人员签字：　　　　　　　　　　　　　　　　　日期：

排查内容（《规范》有关条款）		排查(检查)情况	治理措施	备注
第五十八条	客运企业应当根据岗位特点，分类制定安全生产操作规程，推行安全生产标准化作业			

续上表

排查内容 (《规范》有关条款)		排查(检查)情况	治理措施	备注
第五十九条	客运企业应当制定客运驾驶员行车操作规程。操作规程的内容应当包括：出车前、行车中、收车后的车辆技术状况检查，开车前向旅客的安全告知，高速公路及特殊路段行车注意事项，恶劣天气下的行车注意事项，夜间行车注意事项，应急驾驶操作程序，进出客运站注意事项等			
第六十条	客运企业应当制定客运车辆日常检查和日常维护操作规程。操作规程的内容应当包括：轮胎、制动、转向、悬架、灯光与信号装置、卫星定位装置、视频监控装置、应急设施及装置等安全部件检查要求和检查程序，不合格车辆返修及复检程序等			
第六十一条	客运企业应当制定车辆动态监控操作规程。操作规程的内容应当包括：卫星定位装置、视频监控装置、动态监控平台设备的检修和维护要求，动态监控信息采集、分析、处理规范和流程，违法违规信息统计、报送及处理要求及程序，动态监控信息保存要求和程序等			
第六十二条	客运企业配备乘务员的应当建立乘务员安全操作规程。操作规程的内容应当包括：乘务员值乘工作规范，值乘途中安全检查要求，车辆行驶中相关信息报送等			
	开展定制客运的企业还应当制定定制客运服务操作规程。操作规程内容应当包括：定制客运服务流程、安检等			
第六十三条	客运企业应当根据安全运营实际需求，制定其他相关安全运营操作规程			

6）其他安全生产制度

客运企业依据《规范》在"其他安全生产制度"方面开展隐患排查治理工作的要求见表5-12。

其他安全生产制度　　　　　　　　　　　　　　　　　表5-12

企业主要负责人签字：　　　　　　　　　　　日期：
安全生产管理人员签字：　　　　　　　　　　日期：
从业人员签字：　　　　　　　　　　　　　　日期：

排查内容 (《规范》有关条款)		排查(检查)情况	治理措施	备注
第六十四条	客运企业应当建立安全生产基础档案制度，明确安全生产管理资料的归档、查阅			

续上表

排查内容 (《规范》有关条款)		排查(检查)情况	治理措施	备注
第六十五条	客运企业应当建立生产安全事故应急处置制度。发生生产安全事故后,客运企业应当立即采取有效措施,组织抢救,防止事故扩大,减少人员伤亡和财产损失			
	对于在旅客运输过程中发生的生产安全事故,客运驾驶员和乘务员应当及时向事发地的公安部门及所属客运企业报告,并迅速按本企业应急处置程序规定进行现场处置。客运企业应当按规定的时间、程序、内容向事故发生地和企业所属地县级以上的应急管理、公安、交通运输等相关部门报告事故情况,并启动生产安全事故应急处置预案			
	客运企业应当定期统计和分析生产安全事故,总结事故特点和原因,提出针对性的事故预防措施			
第六十六条	客运企业应当建立生产安全事故责任倒查制度。按照"事故原因不查清不放过、事故责任者得不到处理不放过、整改措施不落实不放过、教训不吸取不放过"的原则,对相关责任人进行严肃处理			
	客运企业应当认真吸取事故教训,落实防范和整改措施,防止事故再次发生			
	发生生产安全事故的客运企业及其从业人员应当积极配合相关管理部门依法开展的生产安全事故调查处理工作,并提供必要的便利条件。任何企业和个人不得阻挠和干涉事故报告和依法调查处理			
第六十七条	客运企业应当建立应急救援制度。健全应急救援组织体系,制定完善应急救援预案,落实应急救援人员、应急物资及装备,开展应急救援演练			
第六十八条	客运企业应当建立安全生产宣传和教育制度。普及安全知识,强化从业人员安全生产操作技能,提高从业人员安全生产能力			
	客运企业应当配备和完善开展安全宣传、教育活动的设施和设备,定期更新宣传、教育的内容。安全宣传、教育与培训应予以记录并建档保存,保存期限应当不少于36个月			
第六十九条	客运企业应当建立健全安全生产社会监督机制			
	客运企业应当在车内明显位置清晰地标示客运车辆车牌号码、核定载客人数和投诉举报电话,从事班车客运的客车还应当在车内明显位置标示客运车辆行驶区间和线路、经批准或经备案的停靠站点,方便旅客监督			

续上表

排查内容 (《规范》有关条款)		排查(检查)情况	治理措施	备注
第六十九条	客运企业应当公开举报电话号码、通信地址或者电子邮件信箱,完善举报制度,充分发挥乘客、新闻媒体及社会各界的监督作用。鼓励客运企业通过微信、微博、二维码、智能手机应用程序等多种方式畅通投诉举报途径。对接到的举报和投诉,客运企业应当及时予以调查和处理			
第七十条	客运企业应当建立本企业安全生产管理所需要的其他制度			

5.2.4 安全隐患排查治理与风险管控

客运企业依据《规范》在"安全隐患排查治理与风险管控"方面开展隐患排查治理工作的要求见表5-13。

安全隐患排查治理与风险管控　　　　　　　　　　　　表5-13

企业主要负责人签字:　　　　　　　　　　　　　日期:
安全生产管理人员签字:　　　　　　　　　　　　日期:
从业人员签字:　　　　　　　　　　　　　　　　日期:

排查内容 (《规范》有关条款)		排查(检查)情况	治理措施	备注
第七十一条	客运企业应当按照相关法律法规的要求建立安全生产风险分级管控制度,每年开展1次全面辨识评估,并根据需要开展专项辨识评估,按安全风险等级采取相应的管控措施			
	客运企业主要负责人应当组织制定重大风险管控措施,健全人防、物防、技防手段;应当配合交通运输主管部门按照规定做好800公里以上客运班线安全风险评估			
第七十二条	客运企业应当每日关注运营客运线路的天气状况和道路通行情况,遇雾、冰冻、雨雪、自然灾害等,应当及时提醒驾驶员谨慎驾驶,达不到车辆安全通行条件的,应当按相关规定暂停或者调整客运线路			
第七十三条	客运企业应当建立事故隐患排查治理制度,依据相关法律法规及本企业管理规定,对客运车辆、客运驾驶员、运输线路、运营过程等安全生产各要素和环节进行安全隐患排查,及时消除安全隐患。重大安全隐患排查治理情况应当及时向属地交通运输主管部门和负有安全生产监督管理职责的管理部门报告			

续上表

排查内容 （《规范》有关条款）		排查(检查)情况	治理措施	备注
第七十四条	客运企业应当根据安全生产需要和特点，采用综合检查、专业检查、季节性检查、节假日检查、日常检查等方式，每月至少开展1次安全生产隐患排查工作，及时发现和消除安全隐患，加强安全隐患的闭环管理和动态管理			
第七十五条	客运企业应当对排查出的安全隐患进行登记和治理，落实整改措施、责任人和完成时限，及时消除安全隐患			
	对于能够立即整改的安全隐患，客运企业立即组织整改；对于不能立即整改的安全隐患，客运企业应当组织制定安全隐患治理方案，依据方案及时进行整改，并在治理过程中采取有效的安全防范措施，无法保障安全的应当按规定及时采取车辆停运等措施；对于自身不能解决的安全隐患，客运企业应当立即向有关部门报告，依据有关规定进行整改			
第七十六条	客运企业应当建立安全隐患排查治理档案，档案应当包括：隐患排查治理日期，隐患排查的具体部位或场所，发现安全隐患的数量、类别和具体情况，安全隐患治理意见，参加隐患排查治理的人员及其签字、安全隐患治理情况、复查情况、复查时间、复查人员及其签字等。安全隐患排查治理档案保存期限应不少于36个月			
第七十七条	客运企业应当每月对本单位安全隐患排查治理情况进行统计，分析隐患形成的原因、特点及规律，对多发、普发的安全隐患要深入分析，建立安全隐患排查治理长效机制			
第七十八条	客运企业应当建立安全隐患报告制度，鼓励企业建立有奖举报机制，发动职工发现和排除安全隐患，鼓励社会公众举报			
第七十九条	客运企业应当积极配合有关部门监督检查人员依法进行的安全隐患监督检查，不得拒绝和阻挠。对相关部门通报抄送的事故、违法及安全隐患等问题应当及时落实整改			
	客运企业应当定期查询并签收公安部门发送的高风险企业交通安全风险报告，并采取针对性措施，及时整改报告列出的问题隐患			

5.2.5 安全生产绩效管理

客运企业依据《规范》在"安全生产绩效管理"方面开展隐患排查治理工作的要求见

表 5-14。

安全生产绩效管理　　　　　　　　　　　　　　　　　　表 5-14

企业主要负责人签字：　　　　　　　　　　日期：
安全生产管理人员签字：　　　　　　　　　日期：
从业人员签字：　　　　　　　　　　　　　日期：

排查内容（《规范》有关条款）		排查（检查）情况	治理措施	备注
第八十条	客运企业应当根据相关法律法规、管理部门要求和自身实际情况，制定年度安全生产绩效目标。安全生产绩效目标应当包括：道路交通责任事故起数、死亡人数、受伤人数、百万车公里事故起数、百万车公里伤亡人数、安全行车公里数等			
第八十一条	客运企业应当建立安全生产年度考核与奖惩制度。针对年度目标，对各部门、各岗位人员进行安全绩效考核，通报考核结果			
	客运企业根据安全生产年终考核结果，对安全生产相关部门、岗位工作人员给予一定的奖惩。对全年无事故、无交通违法记录、无旅客投诉的安全文明驾驶员予以表彰奖励			
第八十二条	客运企业应当建立安全生产内部评价机制，每年至少进行 1 次安全生产内部评价。评价内容应当包括：安全生产目标、安全生产责任制、安全投入、安全教育培训、从业人员管理、客运车辆管理、生产安全监督检查、应急响应与救援、事故处理与统计报告等安全生产制度的适宜性、充分性及有效性等			
	客运企业可聘请第三方机构对本企业的安全生产情况进行评估，并根据评估结果，及时修订和完善安全生产制度，持续改进和提高安全管理水平			

5.3 《汽车客运站安全生产规范》

为规范汽车客运站安全生产管理工作，落实汽车客运站安全生产主体责任，依据《安全生产法》《突发事件应对法》《道路运输条例》及有关法律、行政法规和规章，交通运输部制定了《汽车客运站安全生产规范》（交运规〔2019〕13 号，以下简称《生产规范》）。《生产规范》有总则、安全生产管理职责、安全生产基础保障、安全生产管理制度、生产安全事故隐患排查治理与安全生产监督、附则，共 6 章 38 条。

所有等级汽车客运站（以下简称汽车客运站）的安全生产管理工作适用于本规范。

5.3.1 安全生产管理职责

汽车客运站依据《生产规范》在"安全生产管理职责"方面开展隐患排查治理工作的要求见表 5-15。

安全生产管理职责　　　　　　　　表 5-15

主要负责人签字：　　　　　　　　　　　　日期：
安全生产管理人员签字：　　　　　　　　　日期：
从业人员签字：　　　　　　　　　　　　　日期：

	排查内容 (《生产规范》相关条款)	排查(检查)情况	治理措施	备注
第六条	汽车客运站应当实行全员安全生产责任制度,落实"一岗双责"。汽车客运站的主要负责人(包括法定代表人、实际控制人,下同)为安全生产的第一责任人,全面负责汽车客运站的安全生产工作;分管安全生产的负责人协助主要负责人履行安全生产职责,对安全生产工作负组织实施和综合管理及监督的责任;其他负责人对各自职责范围内的安全生产工作负直接管理责任			
第七条	汽车客运站经营者应当不断完善安全生产管理体系,健全安全生产管理机构,保障安全生产投入,落实各部门的安全生产管理职责,规范各岗位的工作程序			
第八条	汽车客运站经营者应当对进出汽车客运站的人员和行李物品、车辆进行严格检查,确保"三不进站"和"六不出站"			
	"三不进站"是指:危险品不进站、无关人员不进站(发车区)、无关车辆不进站			
	"六不出站"是指:超载营运客车不出站、安全例行检查不合格营运客车不出站、旅客未系安全带不出站、驾驶员资格不符合要求不出站、营运客车证件不齐全不出站、"出站登记表"未经审核签字不出站			
第九条	汽车客运站经营者应当与进入该站的营运客车所属道路旅客运输经营者、在站内从事其他经营活动的经营者签订安全责任协议,依法明确双方的安全责任			
第十条	发生生产安全事故后,汽车客运站经营者应当按照《生产安全事故报告和调查处理条例》等有关规定,及时报告相关部门;应当及时对汽车客运站运营和安全生产管理等情况进行倒查,并对有关责任人进行处理			
第十一条	汽车客运站经营者应当配合相关部门组织开展安全宣传、安全检查、事故处理、责任追究等工作,对相关部门提出的防范和整改措施,应当严格落实			

5.3.2 安全生产基础保障

汽车客运站依据《生产规范》在"安全生产基础保障"方面开展隐患排查治理工作的要求见表5-16。

安全生产基础保障　　　　　　　　　　　　　　　表5-16

主要负责人签字：　　　　　　　　　　　日期：
安全生产管理人员签字：　　　　　　　　日期：
从业人员签字：　　　　　　　　　　　　日期：

排查内容 (《生产规范》相关条款)		排查(检查)情况	治理措施	备注
第十四条	汽车客运站应当依法设置安全生产管理机构或者配备专职安全生产管理人员,并保持专职安全生产管理人员的相对稳定			
第十五条	汽车客运站主要负责人和安全生产管理人员应当具备与本单位所从事的生产经营活动相应的安全生产知识和管理能力			
	汽车客运站主要负责人和安全生产管理人员应当经交通运输主管部门对其安全生产知识和管理能力考核合格,具体按照《道路运输企业主要负责人和安全生产管理人员安全考核管理办法》执行			
第十六条	汽车客运站经营者应当制定安全生产业务操作规程,对从业人员有关安全生产的活动予以规范			
第十七条	汽车客运站经营者应当制定对所属从业人员特别是安全生产管理人员年度及长期的继续教育培训计划,明确培训内容和年度培训时间,确保相关人员具备必要的安全生产知识和管理能力			
	汽车客运站主要负责人和安全生产管理人员初次安全生产教育培训时间不少于24学时,每年再培训时间不少于12学时			
	汽车客运站接收实习学生的,应当将实习学生纳入本单位从业人员统一进行安全生产教育培训。汽车客运站采用新技术、新设备,应当对从业人员进行专门的安全生产教育培训			
	汽车客运站经营者可自主开展从业人员的安全生产教育培训,也可委托对外开展安全生产教育培训业务的机构或者其他汽车客运站开展。安全生产教育培训应当有记录并建档保存,保存期限不少于36个月			

续上表

	排查内容 (《生产规范》相关条款)	排查(检查)情况	治理措施	备注
第十八条	汽车客运站经营者应当每季度至少召开一次安全生产工作会议,研究解决安全生产中的重大问题,安排部署阶段性安全生产工作;每月至少召开一次安全生产例会,通报和布置落实各项安全生产工作,分析查找安全生产管理制度的缺陷和安全生产管理的薄弱环节。安全生产工作会议可与安全生产例会一并召开			
	发生重、特大道路客运生产安全事故、本单位发生站内人员伤亡事故或者在本单位发出的营运客车发生生产安全事故后,汽车客运站经营者应当及时召开安全生产工作会议或者安全生产例会进行分析通报,并提出针对性的事故预防措施			
	安全生产工作会议和安全生产例会应当有会议记录并建档保存,保存期限不少于36个月			
第十九条	汽车客运站经营者应当将安全生产管理指标进行细化和分解,制定阶段性的安全生产控制指标,并根据安全生产责任进行考核和奖惩,定期公布考核和奖惩情况			
第二十条	汽车客运站经营者应当建立和完善安全生产管理登记台账和档案,妥善保管备查			
第二十一条	汽车客运站经营者应当保障安全生产所必需的资金投入,可参照国务院财政、应急管理部门制定的《企业安全生产费用提取和使用管理办法》提取和使用安全生产费用			
第二十二条	汽车客运站经营者应当积极采用新技术、新设备,推行现代化科学管理方法,不断改善安全生产条件			
第二十三条	汽车客运站经营者应当为客运驾驶员和乘务员提供必要的服务设施和临时休息场所			
第二十四条	汽车客运站经营者应当按国家有关规定配备消防设施、器材,并确保齐全有效			
第二十五条	汽车客运站经营者应当制定有关自然灾害、客运量突增、公共卫生、生产安全事故应急救援以及其他突发事件的应急预案,每年至少开展一次综合或者专项应急演练			
	应急预案应当包括报告程序、应急指挥、通信联络、应急设备的储备以及处置措施等内容,并根据需要及时修订			

5.3.3 安全生产管理制度

汽车客运站依据《生产规范》在"安全生产管理制度"方面开展隐患排查治理工作的要求见表5-17。

安全生产管理制度　　　　　　　　　　　　　　　　　　表5-17

主要负责人签字：　　　　　　　　　　　　日期：
安全生产管理人员签字：　　　　　　　　　日期：
从业人员签字：　　　　　　　　　　　　　日期：

		排查内容 (《生产规范》相关条款)	排查(检查)情况	治理措施	备注
第二十六条		汽车客运站经营者应当建立危险品查堵制度,采取以下措施防止易燃、易爆和易腐蚀等危险品进站上车			
	1	制定危险品检查工作程序,规范危险品查堵工作			
	2	设立专门的危险品查堵岗位。在进站口等关键环节对进站旅客携带的行李物品和托运包进行安全检查,对查获的危险品应当进行登记并妥善保管或者按规定处理			
	3	配备必要的检查设备。一级、二级汽车客运站应当配置行包安全检查设备;三级及以下汽车客运站应当积极创造条件配置行包安全检查设备,提高危险品查堵效率和质量			
		危险品查堵岗位工作人员上岗前,应当参加常见危险品识别与处置、安全检查设备使用等相关知识和技能的培训,并经汽车客运站经营者考核合格;在岗期间,应当严格遵守岗位工作的要求,不得开展与工作无关的活动			
		汽车客运站经营者受理客运班车行李舱载货运输业务的,托运物品登记和安全检查要求应当按照《客运班车行李舱载货运输规范》(JT/T 1135)有关规定执行			
第二十七条		汽车客运站经营者应当建立营运客车安全例行检查制度,按照《营运客车安全例行检查技术规范》(见附件1)的要求,对本单位始发的营运客车进行安全例行检查,并采取以下措施防止未检的营运客车(因车辆结构原因需拆卸检查的除外)出站运行			
	1	指定专门的安全例行检查人员。安全例检人员应当熟悉营运客车结构、检查方法和相关技术标准,并经汽车客运站考核合格			
	2	设置专门的检查场地,配备必要的设施设备			

续上表

	排查内容 (《生产规范》相关条款)		排查(检查)情况	治理措施	备注
第二十七条	3	严格填写《营运客车安全例行检查报告单》。安全例检人员应当在完成安全例行检查后,填写《营运客车安全例行检查报告单》,对经检查合格的营运客车签发"营运客车安全例行检查合格通知单",加盖汽车客运站安全例行检查印章			
		"营运客车安全例行检查合格通知单"24小时内有效。单程运营里程在800公里(含)以上的客运班车和往返运营时间在24小时(含)以上的客运班车,实行每个单程检查一次			
		汽车客运站经营者应当建立健全安全例行检查台账并妥善保存,保存期限不少于3个月			
第二十八条		汽车客运站经营者在调度营运客车发班时,应当对营运客车机动车行驶证、道路运输证、客运标志牌、"营运客车安全例行检查合格通知单"和驾驶员机动车驾驶证、从业资格证等单证进行检查,确认完备有效后方可准予报班			
		汽车客运站经营者应当建立健全营运客车报班记录并妥善保存,保存期限不少于3个月			
第二十九条		汽车客运站经营者应当建立出站检查制度,配备出站检查工作人员,对出站营运客车和驾驶员的相关情况进行检查,严禁不符合条件的营运客车和驾驶员出站运营。出站检查主要包括以下内容			
	1	检查出站营运客车报班手续是否完备,确保营运客车出站前机动车行驶证、道路运输证、客运标志牌、"营运客车安全例行检查合格通知单"等单证经客运站查验合格			
	2	核验每一名当班驾驶员持有的从业资格证、机动车驾驶证,确保受检驾驶员与报班的驾驶员一致			
	3	清点营运客车载客人数,确保营运客车不超载出站。如发现营运客车有超载行为,应当立即制止,并采取相应措施安排旅客改乘			
	4	检查旅客安全带系扣情况,确保营运客车出站时所有旅客系好安全带			
		鼓励汽车客运站经营者在报班、出站环节运用信息化手段开展营运客车、驾驶员有关单证一致性查验,提升查验效率			

续上表

排查内容 (《生产规范》相关条款)		排查(检查)情况	治理措施	备注
第二十九条	经出站检查符合要求的营运客车和驾驶员,汽车客运站出站检查人员应当在"出站登记表"(式样见附件4)上进行记录,并经受检营运客车驾驶员签字确认。"出站登记表"保存期限不少于3个月			
第三十条	营运客车不配合出站检查的,汽车客运站经营者有权拒绝营运客车出站。经劝阻无效,仍滞留现场扰乱秩序的,汽车客运站经营者应当采取相应措施安排旅客改乘并报当地交通运输主管部门;对强行出站的,汽车客运站经营者应当立即报告当地交通运输主管部门处理。对相应营运客车,汽车客运站可在一定期限内禁止其进站发班			

5.3.4 生产安全事故隐患排查治理与安全生产监督

汽车客运站依据《生产规范》在"生产安全事故隐患排查治理与安全生产监督"方面开展隐患排查治理工作的要求见表5-18。

生产安全事故隐患排查治理与安全生产监督　　　　表5-18

主要负责人签字:　　　　　　　　　　　　　　日期:
安全生产管理人员签字:　　　　　　　　　　　日期:
从业人员签字:　　　　　　　　　　　　　　　日期:

排查内容 (《生产规范》相关条款)		排查(检查)情况	治理措施	备注
第三十一条	汽车客运站经营者应当建立生产安全事故隐患排查治理制度,采用综合检查、专业检查等方式,适时组织开展生产安全事故隐患排查工作。重点检查所属工作人员的安全生产业务操作规程和各项安全生产管理制度的贯彻执行情况			
第三十二条	汽车客运站经营者应当对排查出的生产安全事故隐患进行登记和治理,落实整改措施、资金、责任人、完成时限和预案,及时消除生产安全事故隐患			
第三十三条	汽车客运站经营者应当对本单位生产安全事故隐患排查治理情况进行统计,分析事故隐患形成原因、特点及规律,对多发普发的事故隐患应当深入分析,建立事故隐患排查治理长效机制			
第三十四条	汽车客运站经营者应当积极配合交通运输等相关部门依法进行的生产安全事故隐患监督检查,不得拒绝和阻挠。对相关部门通报抄送的安全问题应当及时落实整改			

续上表

排查内容 (《生产规范》相关条款)		排查(检查)情况	治理措施	备注
第三十五条	汽车客运站经营者应当按照有关规定加强安全生产风险管理,适时开展安全生产风险辨识和评估,做好风险管控			
第三十六条	汽车客运站经营者应当适时组织有关专家或者第三方机构对客运站的安全生产管理体系进行评价,根据评价报告,对生产安全事故隐患和存在的问题及时进行整改和处理,并完善安全生产管理措施			
第三十七条	汽车客运站经营者应当建立安全生产社会监督机制,公开举报电话号码、通信地址、电子邮件信箱等,鼓励通过微信、微博、二维码、智能手机应用程序等多种方式畅通举报途径,鼓励建立有奖举报机制,充分发挥本单位从业人员、旅客、新闻媒体及社会各界对汽车客运站安全生产管理的监督作用。汽车客运站经营者对接到的举报和投诉应当及时予以调查和处理			

第 6 章　道路货物运输生产安全事故隐患排查治理的要求

6.1 《道路货物运输及站场管理规定》

为规范道路货物运输和道路货物运输站(场)经营活动,维护道路货物运输市场秩序,保障道路货物运输安全,保护道路货物运输和道路货物运输站(场)有关各方当事人的合法权益,依据《道路运输条例》及有关法律、行政法规的规定,交通运输部制定了《道路货物运输及站场管理规定》(交通运输部令2023年第12号,以下简称《货规》)。《货规》分总则、经营许可和备案、货运经营管理、货运站经营管理、监督检查、法律责任、附则,共7章71条。

从事道路货物运输经营和道路货物运输站(场)经营的,应遵守本规定。

> **基本概念**
>
> (1)道路货物运输经营,是指为社会提供公共服务、具有商业性质的道路货物运输活动。
>
> 道路货物运输分为道路普通货运、道路货物专用运输、道路大型物件运输和道路危险货物运输。
>
> (2)道路货物运输站(场),是指以场地设施为依托,为社会提供有偿服务的具有仓储、保管、配载、信息服务、装卸、理货等功能的综合货运站(场)、零担货运站、集装箱中转站、物流中心等经营场所。

6.1.1 货运企业资质条件

货运企业依据《货规》在"企业资质条件"方面开展隐患排查治理工作的要求见表6-1。

企业资质条件　　　　　　　　　　　　　　　　　　表 6-1

主要负责人签字：　　　　　　　　　　　　日期：
安全生产管理人员签字：　　　　　　　　　日期：

排查内容（《货规》相关条款)		排查(检查)情况	治理措施	备注
第六条 申请从事道路货物运输经营的,应当具备下列条件	1　有与其经营业务相适应并经检测合格的运输车辆			
	2　有符合规定条件的驾驶员			

续上表

		排查内容 (《货规》相关条款)	排查(检查)情况	治理措施	备注
第六条	3	有健全的安全生产管理制度,包括安全生产责任制度、安全生产业务操作规程、安全生产监督检查制度、驾驶员和车辆安全生产管理制度等			
第二十条		道路货物运输经营者应当按照《道路运输经营许可证》核定的经营范围从事货物运输经营,不得转让、出租道路运输经营许可证件			
第二十一条		道路货物运输经营者应当对从业人员进行经常性的安全、职业道德教育和业务知识、操作规程培训			
第二十四条		道路货物运输经营者应当聘用按照规定要求持有从业资格证的驾驶员			
第二十七条		道路货物运输经营者运输大型物件,应当制定道路运输组织方案。涉及超限运输的应当按照交通运输部颁布的《超限运输车辆行驶公路管理规定》办理相应的审批手续			大型物件运输组织方案编制
第三十三条		道路货物运输经营者应当制定有关交通事故、自然灾害、公共卫生以及其他突发公共事件的道路运输应急预案。应急预案应当包括报告程序、应急指挥、应急车辆和设备的储备以及处置措施等内容			可参见本书附录2

6.1.2 专用车辆、设备管理

货运企业依据《货规》在"专用车辆、设备管理"方面开展隐患排查治理工作的要求见表6-2。

专用车辆、设备管理　　　　　　　　　　　　　　表6-2

主要负责人签字:　　　　　　　　　　　　　　日期:
安全生产管理人员签字:　　　　　　　　　　　日期:

	排查内容 (《货规》相关条款)	排查(检查)情况	治理措施	备注
第二十二条	道路货物运输经营者应当按照国家有关规定在其重型货运车辆、牵引车上安装、使用行驶记录仪,并采取有效措施,防止驾驶员连续驾驶时间超过4个小时			
第二十三条	道路货物运输经营者应当要求其聘用的车辆驾驶员随车携带按照规定要求取得的《道路运输证》			
	《道路运输证》不得转让、出租、涂改、伪造			

续上表

排查内容（《货规》相关条款）		排查(检查)情况	治理措施	备注
第二十五条	营运驾驶员应当按照规定驾驶与其从业资格类别相符的车辆。驾驶营运车辆时，应当随身携带按照规定要求取得的从业资格证			
	禁止使用货运车辆运输旅客			
第二十八条	从事大型物件运输的车辆，应当按照规定装置统一的标志和悬挂标志旗；夜间行驶和停车休息时应当设置标志灯			
第三十二条	国家鼓励实行封闭式运输。道路货物运输经营者应当采取有效的措施，防止货物脱落、扬撒等情况发生			

6.1.3 货运企业运输管理

货运企业依据《货规》在"运输管理"方面开展隐患排查治理工作的要求见表6-3。

运输管理　　　　　　　　　　　　　　　　　　　　表6-3

主要负责人签字：　　　　　　　　　　　　日期：
安全生产管理人员签字：　　　　　　　　　日期：
从业人员签字：　　　　　　　　　　　　　日期：

排查内容（《货规》相关条款）		排查(检查)情况	治理措施	备注
第二十九条	道路货物运输经营者不得运输法律、行政法规禁止运输的货物			
	道路货物运输经营者在受理法律、行政法规规定限运、凭证运输的货物时，应当查验并确认有关手续齐全有效后方可运输			
	货物托运人应当按照有关法律、行政法规的规定办理限运、凭证运输手续			
第三十条	道路货物运输经营者不得采取不正当手段招揽货物、垄断货源。不得阻碍其他货运经营者开展正常的运输经营活动			
	道路货物运输经营者应当采取有效措施，防止货物变质、腐烂、短少或者损失			
第三十一条	道路货物运输经营者和货物托运人应当按照《中华人民共和国民法典》的要求，订立道路货物运输合同			

6.1.4 货运站（场）企业资质条件

货运站（场）依据《货规》在"企业资质条件"方面开展隐患排查治理工作的要求见表6-4。

专业篇　**第6章**　道路货物运输生产安全事故隐患排查治理的要求

企业资质条件　　　　　　　　　　　　　　　　　　　　表 6-4

主要负责人签字：　　　　　　　　　　　　　日期：
安全生产管理人员签字：　　　　　　　　　　日期：
从业人员签字：　　　　　　　　　　　　　　日期：

		排查内容 (《货规》相关条款)	排查(检查) 情况	治理 措施	备注
第七条 申请从事货 运站经营的， 应当具备下 列条件	1	有与其经营规模相适应的货运站房、生产调度办公室、信息管理中心、仓库、仓储库棚、场地和道路等设施，并经有关部门组织的工程竣工验收合格			
	2	有与其经营规模相适应的安全、消防、装卸、通信、计量等设备			
	3	有与其经营规模、经营类别相适应的管理人员和专业技术人员			
	4	有健全的业务操作规程和安全生产管理制度			
第三十六条		货运站经营者应当按照经营许可证核定的许可事项经营，不得随意改变货运站用途和服务功能			
第三十七条		货运站经营者应当依法加强安全管理，完善安全生产条件，健全和落实安全生产责任制			可参考本书 附录4
第四十七条		货运站经营者应当制定有关突发公共事件的应急预案。应急预案应当包括报告程序、应急指挥、应急车辆和设备的储备以及处置措施等内容			可参考本书 附录2
第四十八条		货运站经营者应当建立和完善各类台账和档案，并按要求报送有关信息			台账和档案

6.1.5　货运站(场)运输管理

货运站(场)依据《货规》在"运输管理"方面开展隐患排查治理工作的要求见表 6-5。

运输管理　　　　　　　　　　　　　　　　　　　　表 6-5

主要负责人签字：　　　　　　　　　　　　　日期：
安全生产管理人员签字：　　　　　　　　　　日期：
从业人员签字：　　　　　　　　　　　　　　日期：

		排查内容 (《货规》相关条款)	排查(检查) 情况	治理 措施	备注
第三十七条		货运站经营者应当依法加强安全管理，完善安全生产条件，健全和落实安全生产责任制			
		货运站经营者应当对出站车辆进行安全检查，防止超载车辆或者未经安全检查的车辆出站，保证安全生产			

续上表

排查内容 (《货规》相关条款)		排查(检查)情况	治理措施	备注
第三十八条	货运站经营者应当按照货物的性质、保管要求进行分类存放,危险货物应当单独存放,保证货物完好无损			
第三十九条	货物运输包装应当按照国家规定的货物运输包装标准作业,包装物和包装技术、质量要符合运输要求			
第四十条	货运站经营者应当按照规定的业务操作规程进行货物的搬运装卸。搬运装卸作业应当轻装、轻卸,堆放整齐,防止混杂、撒漏、破损,严禁有毒、易污染物品与食品混装			
第四十二条	进入货运站经营的经营业户及车辆,经营手续必须齐全			
	货运站经营者应当公平对待使用货运站的道路货物运输经营者,禁止无证经营的车辆进入从事经营活动,无正当理由不得拒绝道路货物运输经营者进站从事经营活动			
第四十三条	货运站经营者不得垄断货源、抢装货物、扣押货物			
第四十六条	货运站经营者不得超限、超载配货,不得为无道路运输经营许可证或证照不全者提供服务;不得违反国家有关规定,为运输车辆装卸国家禁运、限运的物品			

⚖ 法律责任

第六十一条　违反本规定,有下列行为之一的,由交通运输主管部门责令停止经营;违法所得超过1万元的,没收违法所得,处违法所得1倍以上5倍以下的罚款;没有违法所得或者违法所得不足1万元的,处3000元以上1万元以下的罚款,情节严重的,处1万元以上5万元以下的罚款;构成犯罪的,依法追究刑事责任:

(一)未按规定取得道路货物运输经营许可,擅自从事道路货物运输经营的;

(二)使用失效、伪造、变造、被注销等无效的道路运输经营许可证件从事道路普通货物运输经营的;

(三)超越许可的事项,从事道路普通货物运输经营的。

第六十二条　违反本规定,道路货物运输经营者非法转让、出租道路运输经营许可证件的,由交通运输主管部门责令停止违法行为,收缴有关证件,处2000元以上1万元以下的罚款;有违法所得的,没收违法所得。

第六十三条　违反本规定,取得道路货物运输经营许可的道路货物运输经营者使用无《道路运输证》的车辆参加普通货物运输的,由交通运输主管部门责令改正,处1000元以上3000元以下的罚款。

违反前款规定使用无《道路运输证》的车辆参加危险货物运输的,由交通运输主管部门责令改正,处 3000 元以上 1 万元以下的罚款。

第六十四条　违反本规定,道路货物运输经营者有下列情形之一的,由交通运输主管部门责令改正,处 1000 元以上 3000 元以下的罚款;情节严重的,由原许可机关吊销道路运输经营许可证或者吊销其相应的经营范围:

(一)强行招揽货物的;

(二)没有采取必要措施防止货物脱落、扬撒的。

第六十五条　从事货运站经营,未按规定进行备案的,由交通运输主管部门责令改正;拒不改正的,处 5000 元以上 2 万元以下的罚款。备案时提供虚假材料情节严重的,其直接负责的主管人员和其他直接责任人员 5 年内不得从事原备案的业务。

第六十六条　违反本规定,货运站经营者允许无证经营的车辆进站从事经营活动以及超载车辆、未经安全检查的车辆出站或者无正当理由拒绝道路运输车辆进站从事经营活动的,由交通运输主管部门责令改正,处 3000 元以上 3 万元以下的罚款。

第六十七条　违反本规定,货运站经营者擅自改变货运站的用途和服务功能,由交通运输主管部门责令改正;拒不改正的,处 3000 元的罚款;有违法所得的,没收违法所得。

第六十八条　交通运输主管部门的工作人员违反本规定,有下列情形之一的,依法给予相应的行政处分;构成犯罪的,依法追究刑事责任:

(一)不依照本规定规定的条件、程序和期限实施行政许可或者备案的;

(二)参与或者变相参与道路货物运输和货运站经营的;

(三)发现违法行为不及时查处的;

(四)违反规定拦截、检查正常行驶的道路运输车辆的;

(五)违法扣留运输车辆、《道路运输证》的;

(六)索取、收受他人财物,或者谋取其他利益的;

(七)其他违法行为。

6.2　《零担货物道路运输服务规范》(JT/T 620)

为加强道路零担货物运输,切实维护运输市场秩序,保护经营业户的合法权益,提升服务质量,规范零担货运业的有序发展,交通运输部制定了《零担货物道路运输服务规范》(JT/T 620—2018)。本标准规定了零担货物运输的基本要求、服务流程和服务评价,包括范围、规范性引用文件、术语和定义、基本要求、服务流程、服务评价等 6 个方面。

零担货物的道路运输服务适用于本标准。

> **基本概念**
>
> （1）零担货物，是指一次托运不足装满整车，体积、质量和包装符合拼装成整车运输要求，并按照质量或体积计算运费的货物。或者一次托运、计费重量3吨及以下或一次托运、计费体积$10m^3$及以下的货物。
>
> （2）零担货物运输，是指按托运人要求，使用道路货运车辆将零担货物交付收货人的服务行为，包括零担货物受理、拼装、运输、分拨及交付等过程。
>
> （3）运输合同，是指由承托双方签署的而关于货物托运、受理、运输、交付、运费结算、违约及责任赔偿等内容的合同（包括定期运输合同、一次性运输合同及大陆货物运单等）。

6.2.1 企业管理

道路零担货物运输企业依据《零担货物道路运输服务规范》在"企业管理"方面开展隐患排查治理工作的要求见表6-6。

企业管理　　　　　　　　　　　　　　　　　　　　　　　表6-6

主要负责人签字：　　　　　　　　　　　日期：
安全生产管理人员签字：　　　　　　　　日期：
从业人员签字：　　　　　　　　　　　　日期：

	排查内容	排查(检查)情况	治理措施	备注
	4　基本要求			
4.1	零担运输经营者应在营业场所公示经营线路、运输价格、营业时间、送达时限等服务承诺，以及由国家相关部门制定发布的零担货物道路运输禁止托运和运输物品指导名录			
4.2	零担运输经营者应建立一次性运输合同客户实名登记制度、定期运输合同客户备案管理制度及托运物品信息登记制度			
4.3	零担运输经营者应建立货物受理告知、当面查验与抽检抽查制度，对禁止运输、存在重大安全隐患及托运人拒绝安全验视的，不得运输			
4.4	零担运输经营者应在货物受理网点配备视频监控设备，视频监控资料应保存不少于90天，应根据实际业务需要配备必要的安检设备			
4.5	零担运输经营者应建立从业人员实名档案，定期对从业人员进行培训，培训内容包括物流安全法律法规、禁运物品特征及识别方法、安全查验操作规程、应急情况处置及职业道德教育等			
4.6	零担运输经营者宜采用北斗导航、物联网、云计算、大数据、移动互联等信息技术，实现业务流程全程可追踪；宜使用标准化、厢式化、专业化的运输车辆，通过卫星定位装置，加强车辆动态监控			

6.2.2 运输管理

道路零担货物运输企业依据《零担货物道路运输服务规范》在"运输管理"方面开展隐患排查治理工作的要求见表6-7。

运输管理　　　　　　　　　　　　　　　　　　　　　　　　表6-7

主要负责人签字：　　　　　　　　　　　　　日期：
安全生产管理人员签字：　　　　　　　　　　日期：
从业人员签字：　　　　　　　　　　　　　　日期：

排查内容		排查(检查)情况	治理措施	备注
5　服务流程				
5.1　货物托运				
5.1.1	零担货物包装应符合 JT/T 385 的要求			
5.1.2	零担运输经营者应要求托运人： a) 根据货物性质和运输要求，按照 GB/T 191 的规定正确使用运输标志和包装储运图示标志； b) 使用旧包装运输货物应将包装上与本批货物无关的运输标志、包装储运图示标志清除干净并重新标示或制作； c) 需要特殊装卸、堆码、储存的零担货物应将货物性质和运输要求告知承运人并在道路货物运单（简称运单）中加以注明由承运人在货物明显处加贴包装储运图示标志			
5.1.3	零担运输经营者应做好托运人身份信息查验和登记。 a) 实行一次性运输的托运人应出具本人有效证件零担运输经营者应查验和登记身份信息对拒绝实名登记的不得运输。有效证件包括： 1) 居民身份证、临时居民身份证或者户口簿； 2) 中国人民解放军军人身份证件、中国人民武装警察身份证件； 3) 港澳居民来往内地通行证、台湾居民来往大陆通行证或其他有效旅游证件； 4) 外国公民护照； 5) 法律、行政法规和国家规定的其他有效身份证件。 b) 签订定期运输合同的承运人应做好托运人信息登记、留存信息内容至少应包括： 1) 个人身份证件或企业营业执照、法人身份证件以及具体联系人身份证件（原件查验复印件留存）； 2) 个人业务或企业主要经营范围情况说明； 3) 个人或企业通信地址、联系方式等相关信息； 4) 委托零担运输经营者代收货款的，还应当登记个人或企业账户相关信息			

续上表

排查内容		排查(检查)情况	治理措施	备注
5.1.4	零担运输经营者应建立托运人信息安全保护制度,妥善保管托运人相关信息,除法律法规定外,信息和数据不得外泄,不得使用托运人信息开展其他业务			
5.1.5	零担运输经营者应要求托运人: a)如实登记托运货物的种类、品名,不谎报或匿报禁运物品和限运物品、凭证运输货物; b)对于限运物品、凭证运输货物提交有关部门开具的准运证明; c)不在普通货物中夹带违禁物品、危险物品			
5.1.6	零担运输经营者和托运人应签订运输合同,并保留12个月以上。运输合同至少应包括以下内容: a)托运人、承运人和收货人名称(姓名)、地址、电话; b)货物名称、性质、重量、数量、体积; c)装货地点、卸货地点; d)货物的包装方式; e)承运日期; f)货物价值是否保价; g)查询方式; h)运费及结算方式; i)违约责任; j)争议解决方法; k)其他事项			
5.1.7	运单由承托双方填写并签字或盖章后生效,运单填写应字迹清楚、完整			
5.1.8	按照自愿的原则,托运人可自行选择是否对货物进行保价运输			
5.2 货物受理				
5.2.1	零担运输经营者应告知托运人不得托运禁运物品,并在运单上明示违规托运的法律责任			
5.2.2	零担运输经营者应按照表相关要求进行货物抽检抽查,对抽查到的货物应拆包当面验视,并做好相关信息记录			
5.2.3	对于一次性运输合同客户,零担运输经营者应根据有关部门要求,在重点时段对所有运往重点区域和特殊场所的货物进行拆包验视检查中发现违禁物品、可疑物品或瞒报危险物品的,应向公安机关或有关部门及时报告			

续上表

	排查内容	排查(检查)情况	治理措施	备注
5.2.4	零担运输经营者应对受理的零担货物及其包装、运单、标签认真审核,对运单填写不符的应提请托运人修正,否则不予受理			
5.2.5	零担运输经营者应将托运人提供的限运、凭证运输物品准运证明在运单上加以标注,相关证明材料应随货同行以备查验,运达后一并交收货人			
5.2.6	零担运输经营者应将货物种类、数量、流向、批次等相关信息以及承托双方身份信息予以记载,实现业务流程全程信息可查询、可追溯			
5.3 分拣入库				
5.3.1	零担运输经营者应根据货物品种、流向、时限等,在专门集散场地对零担货物进行分拣处理			
5.3.2	应按不同流向将零担货物分拣入位,货物码放应做到重不压轻、大不压小、不搭肩、标签朝外、箭头朝上			
5.3.3	应对入库货物进行整理,宜做到同票货物不分离、异票货物不交叉,货票一致,按照货物流向、出库时限合理调整位置和次序			
5.3.4	应做好仓库内的防火、防盗、防鼠、防水等工作			
5.4 货物配装				
5.4.1	货物配装过程中,零担运输经营者应核对货物名称、质量、件数是否与运单相符,包装是否完好,并轻装轻卸、堆码整齐			
5.4.2	配装货物应做到分类合理、装载均衡、先远后近、先急后缓、大不压小、重不压轻、轻拿轻放,并与货物包装上的箭头向上一致			
5.4.3	配装作业完成后,零担运输经营者应将货物绑扎牢固,防止货物脱落			
5.5 在途运输				
5.5.1	零担运输经营者应根据经营线路,编制运输方案。对于超长运输线路,应设定驾驶员轮岗或采用途中休息、接驳运输等方式			
5.5.2	零担运输经营者应按有关规定,通过卫星定位系统监控平台,对运输过程进行实时监控和管理,及时提醒驾驶员纠正超速行驶、疲劳驾驶等行为			
5.6 货物交付				
5.6.1	零担货物到达目的地后,零担运输经营者应在12小时内通知收货人取货,并做好记录。自通知到收货人次日起,货物免费保管期限不得少于3天			

续上表

排查内容		排查(检查)情况	治理措施	备注
5.6.2	货物交付时应核对货物和收货人身份,由收货人签名或盖章。遇无人接收,应保留送货单据并通知收货人下次送货时间。两次未送出按收货人自提处理,对于上门送货,配送人员应提前与收货人约定货物交付时间			
5.6.3	货物交付中发现包装破损或托运人、承运人以及收货人对货物的数量、质量存在质疑时,均可提出查验、复磅,由此产生的货损货差由责任方承担。对于标签标识脱落、不易辨认的货物,应慎重查明并重补标签后方能交付			
5.6.4	托运人委托零担运输经营者代收货款的,应在运输合同中明确。货物按要求送达后,收货人应按合同约定将货款交付。零担运输经营者应建立代收货款资金流转程序以及相应的风险控制措施,并在规定返款日期内,将货款返还托运人			
5.6.5	凡符合下列情况之一的,属无法交付货物,由承托双方协商处理: a)收货人地址不详或查无此人; b)收货人迁址,收货单位撤销无合法代收单位; c)收货人死亡又无合法代收人; d)收货人拒收货物或拒付应付的费用; e)自通知到收货人次日起,超过3个月仍无人提取的			
5.6.6	承运人发现禁运品应按照有关规定向相关部门报告,并及时通知托运人			
5.6.7	承运人发现可疑物品或危险物品,应及时通知托运人。托运人应在收到通知之日起3日内处理完毕,并承担此给承运人造成的一切损失。托运人3日内未处理或未处理完毕的,承运人有权自行处置且不承担任何赔偿责任			
5.7 运输合同变更和取消				
5.7.1	未将货物交付收货人之前,允许托运人按规定办理运输合同变更手续。要求取消托运,或要求承运人中止运输、返还货物、变更到达地或者将货物交付给其他收货人,并承担由此对承运人造成的损失			
5.7.2	凡发生下列情况之一者,允许变更运输和取消运输: a)由于不可抗力致使运输合同无法履行; b)由于合同当事人一方的原因,在合同约定的期限内无法履行; c)经合同当事人双方协商同意取消或变更,应由责任方承担部分或全部运费			

续上表

排查内容		排查(检查)情况	治理措施	备注
5.7.3	货物运输过程中,因自然灾害等不可抗力造成运输延误,承运人应及时与托运人联系,发生货物装卸、接运和保管费用按以下规定处理: a)托运人要求退回起运地的,收取已完成运输里程的运费,回程运费按照去程费用的50%计收; b)托运人要求绕道运送或变更目的地的,运费按照实际路途核收; c)托运人要求就地卸存自行处理的,退还未完成路段运费; d)货物在受阻处存放,保管费用由托运人承担			
5.8 责任赔偿				
5.8.1	零担货物在承运责任期间发生的丢失、损坏、变质、污染、烧毁、被盗等事故,承运人负责承担货物赔偿、运费等损失。对于办理保价运输的零担货物,实际损失高于声明价值时,按声明价值赔偿。实际损失低于声明价值时,按实际损失赔偿			
5.8.2	由于托运人责任造成车辆、其他货物、设备损坏或人身伤亡以及第三者(方)损失的,由托运人负责赔偿			
5.8.3	货物交付时发现货损货差,由承运人与收货人共同编制货运事故记录,双方签字确认。凡下列原因造成事故时,承运人不负责赔偿: a)不可抗力; b)货物包装完整无损而内装货物短少、损坏、变质; c)货物的自然损耗和性质变化; d)托运人错报、匿报造成的损失; e)托运人因违反国家法律法规,货物被有关部门查扣、弃置或作其他处理; f)包装质量不符合标准,而从外部无法发现的; g)收货人逾期提取或拒不提取货物而造成腐烂变质的; h)其他经查证属托运人责任或托运人注明特约事项造成的损失			
6 服务评价				
6.1	零担运输经营者应定期开展服务质量评价,不断改进服务			
6.2	零担运输经营者应保证服务质量统计数据和原始记录真实、准确			
6.3	零担运输经营者应公布服务监督电话,自觉接受社会监督。接到投诉后,应在24小时内处理。10天内处理完毕或提供处理方案,并将处理结果告知投诉人			

续上表

	排查内容	排查(检查)情况	治理措施	备注
6.4	排除自然灾害等不可抗力原因,服务评价指标宜达到以下要求: a) 货物运输及时率大于或等于95%; b) 货损率小于0.5%; c) 货差率小于0.5%; d) 用户投诉率小于0.2%; e) 用户投诉处理率100%			

第 7 章　危险货物道路运输生产安全事故隐患排查治理的要求

7.1 《道路危险货物运输管理规定》

为规范道路危险货物运输市场秩序,保障人民生命财产安全,保护环境,维护道路危险货物运输各方当事人的合法权益,依据《道路运输条例》和《危险化学品安全管理条例》等有关法律、行政法规,交通运输部制定了《道路危险货物运输管理规定》(交通运输部令 2023 年第 13 号,以下简称《危规》)。《危规》分总则、道路危险货物运输许可、专用车辆、设备管理、道路危险货物运输、监督检查、法律责任、附则,共 7 章 79 条。

从事道路危险货物运输活动,应当遵守本规定。军事危险货物运输除外。法律、行政法规对民用爆炸物品、烟花爆竹、放射性物品等特定种类危险货物的道路运输另有规定的,从其规定。

> **基本概念**
>
> (1)危险货物,是指具有爆炸、易燃、毒害、感染、腐蚀等危险特性,在生产、经营、运输、储存、使用和处置中,容易造成人身伤亡、财产损毁或者环境污染而需要特别防护的物质和物品。
>
> 危险货物以列入国家标准《危险货物品名表》(GB 12268)的为准,未列入《危险货物品名表》(GB 12268)的,以有关法律、行政法规的规定或者国务院有关部门公布的结果为准。
>
> 危险货物的分类、分项、品名和品名编号应当按照国家标准《危险货物分类和品名编号》(GB 6944)、《危险货物品名表》(GB 12268)执行。危险货物的危险程度依据国家标准《危险货物运输包装通用技术条件》(GB 12463),分为Ⅰ、Ⅱ、Ⅲ等级。
>
> (2)道路危险货物运输,是指使用载货汽车通过道路运输危险货物的作业全过程。
>
> (3)道路危险货物运输车辆,是指满足特定技术条件和要求,从事道路危险货物运输的载货汽车(也称专用车辆)。

7.1.1　企业资质条件

危险货物道路运输企业依据《危规》在"企业资质条件"方面开展隐患排查治理工作的要求见表 7-1。

企业资质条件　　　　　　　　　　　　　　　　　　　表 7-1

主要负责人签字：　　　　　　　　　　　　　　日期：
安全生产管理人员签字：　　　　　　　　　　　日期：

		排查内容 (《危规》有关条款)	排查(检查)情况	治理措施	备注
第八条 申请从事道路危险货物运输经营,应当具备下列条件		(一) 有符合下列要求的专用车辆及设备			
	1	自有专用车辆(挂车除外)5 辆以上;运输剧毒化学品、爆炸品的,自有专用车辆(挂车除外)10 辆以上			车辆数
	2	专用车辆的技术要求应当符合《道路运输车辆技术管理规定》有关规定			持有《车辆检验证明》
	3	配备有效的通信工具			手机等
	4	专用车辆应当安装具有行驶记录功能的卫星定位装置			执行《道路运输车辆动态监督管理办法》
	5	运输剧毒化学品、爆炸品、易制爆危险化学品的,应当配备罐式、厢式专用车辆或者压力容器等专用容器			特殊规定
	6	罐式专用车辆的罐体应当经检验合格,且罐体载货后总质量与专用车辆核定载质量相匹配。运输爆炸品、强腐蚀性危险货物的罐式专用车辆的罐体容积不得超过 20 立方米,运输剧毒化学品的罐式专用车辆的罐体容积不得超过 10 立方米,但符合国家有关标准的罐式集装箱除外			罐车限量运输
	7	运输剧毒化学品、爆炸品、强腐蚀性危险货物的非罐式专用车辆,核定载质量不得超过 10 吨,但符合国家有关标准的集装箱运输专用车辆除外			集装罐等限量运输
	8	配备与运输的危险货物性质相适应的安全防护、环境保护和消防设施设备			依据所运危险货物《化学品安全技术说明书》《化学品安全标签》或《道路运输危险货物安全卡》
		(二) 有符合下列要求的停车场地			
	1	自有或者租借期限为 3 年以上,且与经营范围、规模相适应的停车场地,停车场地应当位于企业注册地市级行政区域内			

续上表

排查内容 (《危规》有关条款)			排查(检查)情况	治理措施	备注
第八条 申请从事道路危险货物运输经营,应当具备下列条件	2	运输剧毒化学品、爆炸品专用车辆以及罐式专用车辆,数量为20辆(含)以下的,停车场地面积不低于车辆正投影面积的1.5倍,数量为20辆以上的,超过部分,每辆车的停车场地面积不低于车辆正投影面积			
	3	运输其他危险货物的,专用车辆数量为10辆(含)以下的,停车场地面积不低于车辆正投影面积的1.5倍;数量为10辆以上的,超过部分,每辆车的停车场地面积不低于车辆正投影面积			
	4	停车场地应当封闭并设立明显标志,不得妨碍居民生活和威胁公共安全			"封闭",是指外单位人员不得进入、接触专用车辆
	(三)有符合下列要求的从业人员和安全生产管理人员				
	1	专用车辆的驾驶员取得相应机动车驾驶证,年龄不超过60周岁			
	2	从事道路危险货物运输的驾驶员、装卸管理人员、押运人员应当经所在地设区的市级人民政府交通运输主管部门考试合格,并取得相应的从业资格证;从事剧毒化学品、爆炸品道路运输的驾驶员、装卸管理人员、押运人员,应当经考试合格,取得注明为"剧毒化学品运输"或者"爆炸品运输"类别的从业资格证			
	3	企业应当配备专职安全生产管理人员			
	(四)有健全的安全生产管理制度				
	1	企业主要负责人、安全管理部门负责人、专职安全生产管理人员安全生产责任制度			
	2	从业人员安全生产责任制度			
	3	安全生产监督检查制度			
	4	安全生产教育培训制度			
	5	从业人员、专用车辆、设备及停车场地安全管理制度			
	6	应急救援预案制度			
	7	安全生产作业规程			
	8	安全生产考核与奖惩制度			
	9	安全事故报告、统计与处理制度			

续上表

排查内容 (《危规》有关条款)		排查(检查)情况	治理措施	备注
第二十六条	道路危险货物运输企业或者单位应当严格按照道路运输管理机构决定的许可事项从事道路危险货物运输活动,不得转让、出租道路危险货物运输许可证件			
第三十一条	运输剧毒化学品、爆炸品的企业或者单位,应当配备专用停车区域,并设立明显的警示标牌			
第四十四条	道路危险货物运输企业或者单位应当通过岗前培训、例会、定期学习等方式,对从业人员进行经常性安全生产、职业道德、业务知识和操作规程的教育培训			教育培训
第四十五条	道路危险货物运输企业或者单位应当加强安全生产管理,制定突发事件应急预案,配备应急救援人员和必要的应急救援器材、设备,并定期组织应急救援演练,严格落实各项安全制度			应急预案

7.1.2 专用车辆、设备管理

危险货物道路运输企业依据《危规》在"专用车辆、设备管理"方面开展隐患排查治理工作的要求见表7-2。

专用车辆、设备管理　　　　　　　　　　表7-2

主要负责人签字:　　　　　　　　　　日期:
安全生产管理人员签字:　　　　　　　日期:

排查内容 (《危规》有关条款)		排查(检查)情况	治理措施	备注
第二十条	道路危险货物运输企业或者单位应当按照《道路运输车辆技术管理规定》中有关车辆管理的规定,维护、检测、使用和管理专用车辆,确保专用车辆技术状况良好			
第二十二条	禁止使用报废的、擅自改装的、检测不合格的、车辆技术等级达不到一级的和其他不符合国家规定的车辆从事道路危险货物运输			
	除铰接列车、具有特殊装置的大型物件运输专用车辆外,严禁使用货车列车从事危险货物运输;倾卸式车辆只能运输散装硫黄、萘饼、粗蒽、煤焦沥青等危险货物			
	禁止使用移动罐体(罐式集装箱除外)从事危险货物运输			

续上表

排查内容 (《危规》有关条款)		排查(检查)情况	治理措施	备注
第二十三条	罐式专用车辆的常压罐体应当符合国家标准《道路运输液体危险货物罐式车辆 第1部分：金属常压罐体技术要求》(GB 18564.1)、《道路运输液体危险货物罐式车辆 第2部分：非金属常压罐体技术要求》(GB 18564.2)等有关技术要求			
	使用压力容器运输危险货物的，应当符合国家特种设备安全监督管理部门制订并公布的《移动式压力容器安全技术监察规程》(TSG R0005)等有关技术要求			
	压力容器和罐式专用车辆应当在压力容器或者罐体检验合格的有效期内承运危险货物			
第二十四条	道路危险货物运输企业或者单位对重复使用的危险货物包装物、容器，在重复使用前应当进行检查；发现存在安全隐患的，应当维修或者更换			
	道路危险货物运输企业或者单位应当对检查情况作出记录，记录的保存期限不得少于2年			
第二十五条	道路危险货物运输企业或者单位应当到具有污染物处理能力的机构对常压罐体进行清洗(置换)作业，将废气、污水等污染物集中收集，消除污染，不得随意排放，污染环境			

7.1.3 运输管理

危险货物道路运输企业依据《危规》在"运输管理"方面开展隐患排查治理工作的要求见表7-3。

运输管理　　　　　　　　　　　　　　　　　　　　　　　表7-3

主要负责人签字：　　　　　　　　　　　　　　日期：
安全生产管理人员签字：　　　　　　　　　　　日期：
从业人员签字：　　　　　　　　　　　　　　　日期：

排查内容 (《危规》有关条款)		排查(检查)情况	治理措施	备注
第二十九条	不得将危险货物与普通货物混装运输			
第三十条	专用车辆应当按照国家标准《道路运输危险货物车辆标志》(GB 13392)的要求悬挂标志			

续上表

排查内容 (《危规》有关条款)		排查(检查)情况	治理措施	备注
第三十二条	专用车辆应当配备符合有关国家标准以及与所载运的危险货物相适应的应急处理器材和安全防护设备			依据所运危险货物《化学品安全技术说明书》《化学品安全标签》或《道路运输危险货物安全卡》
第三十三条	道路危险货物运输企业或者单位不得运输法律、行政法规禁止运输的货物			
	法律、行政法规规定的限运、凭证运输货物,道路危险货物运输企业或者单位应当按照有关规定办理相关运输手续			
	法律、行政法规规定托运人必须办理有关手续后方可运输的危险货物,道路危险货物运输企业应当查验有关手续齐全有效后方可承运			
第三十四条	道路危险货物运输企业或者单位应当采取必要措施,防止危险货物脱落、扬散、丢失以及燃烧、爆炸、泄漏等			
第三十五条	驾驶员应当随车携带《道路运输证》。驾驶员或者押运人员应当按照《危险货物道路运输规则》(JT/T 617)的要求,随车携带《道路运输危险货物安全卡》			
第三十六条	在道路危险货物运输过程中,除驾驶员外,还应当在专用车辆上配备押运人员,确保危险货物处于押运人员监管之下			押运人员的基本职责
第三十七条	道路危险货物运输途中,驾驶员不得随意停车			
	因住宿或者发生影响正常运输的情况需要较长时间停车的,驾驶员、押运人员应当设置警戒带,并采取相应的安全防范措施			
	运输剧毒化学品或者易制爆危险化学品需要较长时间停车的,驾驶员或者押运人员应当向当地公安机关报告			

续上表

排查内容 (《危规》有关条款)		排查(检查)情况	治理措施	备注
第三十八条	危险货物的装卸作业应当遵守安全作业标准、规程和制度,并在装卸管理人员的现场指挥或者监控下进行			
第三十九条	驾驶员、装卸管理人员和押运人员上岗时应当随身携带从业资格证			
第四十条	严禁专用车辆违反国家有关规定超载、超限运输			
	道路危险货物运输企业或者单位使用罐式专用车辆运输货物时,罐体载货后的总质量应当和专用车辆核定载质量相匹配;使用牵引车运输货物时,挂车载货后的总质量应当与牵引车的准牵引总质量相匹配			
第四十一条	道路危险货物运输企业或者单位应当要求驾驶员和押运人员在运输危险货物时,严格遵守有关部门关于危险货物运输线路、时间、速度方面的有关规定,并遵守有关部门关于剧毒、爆炸危险品道路运输车辆在重大节假日通行高速公路的相关规定			
第四十二条	道路危险货物运输企业或者单位应当通过卫星定位监控平台或者监控终端及时纠正和处理超速行驶、疲劳驾驶、不按规定线路行驶等违法违规驾驶行为			
	监控数据应当至少保存3个月,违法驾驶信息及处理情况应当至少保存3年			
第四十三条	道路危险货物运输从业人员必须熟悉有关安全生产的法规、技术标准和安全生产规章制度、安全操作规程,了解所装运危险货物的性质、危害特性、包装物或者容器的使用要求和发生意外事故时的处置措施,并严格执行《危险货物道路运输规则》(JT/T 617)等标准,不得违章作业			
第四十七条	在危险货物运输过程中发生燃烧、爆炸、污染、中毒或者被盗、丢失、流散、泄漏等事故,驾驶员、押运人员应当立即根据应急预案和《道路运输危险货物安全卡》的要求采取应急处置措施,并向事故发生地公安部门、交通运输主管部门和本运输企业或者单位报告。运输企业或者单位接到事故报告后,应当按照本单位危险货物应急预案组织救援,并向事故发生地应急管理部门和生态环境、卫生健康主管部门报告			
第四十八条	在危险货物装卸过程中,应当根据危险货物的性质,轻装轻卸,堆码整齐,防止混杂、撒漏、破损,不得与普通货物混合堆放			

法律责任

第五十五条 违反本规定,有下列情形之一的,由交通运输主管部门责令停止运输经营,违法所得超过2万元的,没收违法所得,处违法所得2倍以上10倍以下的罚款;没有违法所得或者违法所得不足2万元的,处3万元以上10万元以下的罚款;构成犯罪的,依法追究刑事责任:

(一)未取得道路危险货物运输许可,擅自从事道路危险货物运输的;

(二)使用失效、伪造、变造、被注销等无效道路危险货物运输许可证件从事道路危险货物运输的;

(三)超越许可事项,从事道路危险货物运输的;

(四)非经营性道路危险货物运输单位从事道路危险货物运输经营的。

第五十六条 违反本规定,道路危险货物运输企业或者单位非法转让、出租道路危险货物运输许可证件的,由交通运输主管部门责令停止违法行为,收缴有关证件,处2000元以上1万元以下的罚款;有违法所得的,没收违法所得。

第五十七条 违反本规定,道路危险货物运输企业或者单位有下列行为之一,由交通运输主管部门责令限期投保;拒不投保的,由原许可机关吊销《道路运输经营许可证》或者《道路危险货物运输许可证》,或者吊销相应的经营范围:

(一)未投保危险货物承运人责任险的;

(二)投保的危险货物承运人责任险已过期,未继续投保的。

第五十八条 违反本规定,道路危险货物运输企业或者单位以及托运人有下列情形之一的,由交通运输主管部门责令改正,并处5万元以上10万元以下的罚款,拒不改正的,责令停产停业整顿;构成犯罪的,依法追究刑事责任:

(一)驾驶员、装卸管理人员、押运人员未取得从业资格上岗作业的;

(二)托运人不向承运人说明所托运的危险化学品的种类、数量、危险特性以及发生危险情况的应急处置措施,或者未按照国家有关规定对所托运的危险化学品妥善包装并在外包装上设置相应标志的;

(三)未根据危险化学品的危险特性采取相应的安全防护措施,或者未配备必要的防护用品和应急救援器材的;

(四)运输危险化学品需要添加抑制剂或者稳定剂,托运人未添加或者未将有关情况告知承运人的。

第五十九条 违反本规定,道路危险货物运输企业或者单位未配备专职安全生产管理人员的,由交通运输主管部门依照《中华人民共和国安全生产法》的规定进行处罚。

7.2 《危险货物道路运输安全生产管理办法》

为规范道路危险货物运输市场秩序,保障人民生命财产安全,保护环境,维护道路危险货物运输各方当事人的合法权益,依据《道路运输条例》和《危险化学品安全管理条例》等有关法律、行政法规,交通运输部、工业和信息化部、公安部、生态环境部、应急管理部、国家市场监督管理总局联合制定了《危险货物道路运输安全生产管理办法》(交通运输部令2019年第29号,以下简称《办法》)。《办法》分总则、危险货物托运、例外数量与有限数量危险货物运输的特别轨道、危险货物承运、危险货物装卸、危险货物运输车辆与罐式车辆罐体、可移动罐柜、罐箱、危险货物运输车辆运行管理、监督检查、法律责任、附则,共10章79条。

在中华人民共和国境内从事危险货物道路运输及相关活动适用于本办法。

《办法》针对危险货物道路运输全链条、全要素管理作出了系统规定和要求,界定了危险货物道路运输托运人、承运人、装货人等参与方责任,明确了交通运输、工业和信息化、公安、生态环境、应急管理、市场监管等六部门监管职责,建立了运单、装货查验、常压罐车检验等管理制度,统一了危险化学品运输车辆通行管理政策,对于弥补危险货物道路运输管理制度漏洞,提高危险货物道路运输安全治理能力,预防危险货物道路运输事故,保障人民群众生命、财产安全,保护环境,具有重要意义。

> **基本概念**
>
> (1)危险货物,是指列入《危险货物道路运输规则 第3部分:品名及运输要求索引》(JT/T 617.3)并且符合《危险货物道路运输规则 第2部分:分类》(JT/T 617.2)标准,具有爆炸、易燃、毒害、感染、腐蚀、放射性等危险特性的物质或者物品。
>
> (2)危险化学品,是指具有毒害、腐蚀、爆炸、燃烧、助燃等性质,对人体、设施、环境具有危害的剧毒化学品和其他化学品。
>
> (3)民用爆炸物品,是指用于非军事目的、列入民用爆炸物品品名表的各类火药、炸药及其制品和雷管、导火索等点火、起爆器材。
>
> (4)承运人,是指具有危险货物道路运输资质并承担危险货物运输作业的企业或者单位。
>
> (5)例外数量危险货物,是指《危险货物道路运输规则 第3部分:品名及运输要求索引》(JT/T 617.3)列明的可以采用例外数量形式进行托运和运输的危险货物。
>
> (6)有限数量危险货物,是指《危险货物道路运输规则 第3部分:品名及运输要求索引》(JT/T 617.3)列明的可以采用有限数量形式进行托运和运输的危险货物。

> 危险货物运单应当载明危险货物的托运人、收货人、装货单位、始发地、目的地、运输企业、车辆、罐体、罐箱、起运日期、驾驶人、押运人员、危险货物品名编号、品名、危险货物类别及项别、包装及规格、数量等信息。

7.2.1 安全生产条件

危险货物道路运输企业依据《办法》在"安全生产条件"方面开展隐患排查治理工作的要求见表7-4。

安全生产条件　　　　　　　　　　　　　　　　表7-4

主要负责人签字：　　　　　　　　　　日期：
安全生产管理人员签字：　　　　　　　日期：
从业人员签字：　　　　　　　　　　　日期：

排查内容（《办法》有关条款）		排查（检查）情况	治理措施	备注
第七条	承运人……应当制定危险货物运输作业查验、核准和登记制度，人员安全培训制度、设备管理制度和岗位操作规程等安全生产管理制度			
	承运人……应当对与危险货物托运、承运、装货操作相关的本单位人员进行岗前安全教育培训和每月日常安全教育培训。未经岗前安全教育培训考核合格的人员，不得上岗作业			
	承运人……应当妥善保存安全教育培训及考核记录。岗前安全教育培训记录保存至相关人员离职后十二个月；日常安全教育培训记录保存期限不得少于十二个月			
第二十四条	危险货物道路运输企业或者单位应当使用安全技术条件符合国家标准要求的、与承运危险货物性质、重量相匹配的运输车辆、设备，按照要求配备具有危险货物道路运输从业资格的驾驶人、押运人员进行运输			
	危险货物道路运输企业或者单位使用常压液体危险货物罐车运输危险货物的，应当在罐式车辆罐体的适装介质列表范围内承运			
	危险货物道路运输企业或者单位应当按照运输车辆的核定载质量装载危险化学品，不得超载			
第二十二条	危险货物道路运输企业应当按照交通运输管理部门许可的经营范围受理危险货物的托运			

7.2.2 运输管理

危险货物道路运输企业依据《办法》在"运输管理"方面开展隐患排查治理工作的要求见表7-5。

运输管理　　　　　　　　　　　　　　　　　　　　　　　　　表7-5

主要负责人签字：　　　　　　　　　　　　　　　日期：
安全生产管理人员签字：　　　　　　　　　　　　日期：
从业人员签字：　　　　　　　　　　　　　　　　日期：

	排查内容 （《办法》有关条款）	排查（检查）情况	治理措施	备注
第二十二条	危险货物道路运输企业应当按照交通运输管理部门许可的经营范围受理危险货物的托运			
第二十四条	危险货物道路运输企业或者单位应当使用安全技术条件符合国家标准要求的、与承运危险货物性质、重量相匹配的运输车辆、设备，按照要求配备具有危险货物道路运输从业资格的驾驶人、押运人员进行运输			
	危险货物道路运输企业或者单位使用常压液体危险货物罐车运输危险货物的，应当在罐式车辆罐体的适装介质列表范围内承运			
	危险货物道路运输企业或者单位应当按照运输车辆的核定载质量装载危险化学品，不得超载			
第二十五条	危险货物道路运输企业或者单位应当制作符合第七十七条规定的危险货物运单，并交由驾驶人随车携带。危险货物运单应当妥善保存，保存期限不得少于十二个月			
	危险废物道路运输企业或者单位还应当填写并随车携带危险废物转移联单			
第二十六条	危险货物道路运输企业或者单位在调度运输车辆前，应当对运输车辆、设备技术状况及卫星定位装置进行检查并做好记录，对驾驶人、押运人员进行运输安全告知			
第二十七条	危险货物道路运输企业或者单位在起运之前应当对承运的危险货物及包装进行外观检查，确保没有影响安全运输的明显缺陷、泄漏、破碎			
第四十四条	运输危险货物应当随车携带危险货物运单，车辆应当安装、悬挂符合《道路运输危险货物车辆标志》（GB 13392）要求的警示标志，根据国家规定的标准要求随车携带防护用品、应急救援器材和《道路危险货物运输安全卡》，严格遵守道路交通安全法律法规规定，保障道路运输安全			

续上表

排查内容 (《办法》有关条款)			排查(检查)情况	治理措施	备注
第四十四条		运输爆炸品和剧毒化学品车辆还应当安装、粘贴符合《道路运输爆炸品和剧毒化学品车辆安全技术条件》(GB 20300)要求的安全标示牌			
		运输剧毒化学品、民用爆炸物品、放射性物品或者危险废物时,还应当随车携带第十五条规定的证明文件			
第四十五条		危险货物道路运输企业或单位应当按照《道路运输车辆动态监督管理办法》要求,在车辆运行期间对车辆和驾驶人进行监控管理			
第四十六条		危险货物运输车辆在高速公路上应当靠右侧车道行驶			
	1	行驶速度不高于每小时80公里			
	2	在其他道路上行驶不高于每小时60公里			
	3	道路限速标志标明的时速低于上述规定时速的,车辆行驶速度不得高于限速标志标明的最高时速			
第四十七条		驾驶人应当确保罐式车辆罐体、可移动罐柜、罐箱所有的关闭装置在运输过程中处于关闭状态			
第四十八条		运输剧毒化学品、民用爆炸物品和放射性物品时,应当按照公安机关批准的指定路线、时间行驶			

> 拓展知识
>
> ## 《危险货物道路运输安全管理办法》相关规定
>
> 1)托运人职责
>
> 第十三条 托运人在托运危险货物时,应当向承运人提交符合本办法第七十六条规定的危险货物托运清单。
>
> 托运人应当妥善保存危险货物托运清单,保存期限不得少于十二个月。
>
> 第十四条 托运人应当向承运人提供在所托运危险货物运输过程中的应急联系方式,并保持联系畅通。
>
> 第十五条 托运人托运剧毒化学品、民用爆炸物品或者放射性物品的,应当向承运人分别提供公安机关核发的剧毒化学品道路运输通行证、民用爆炸物品运输许可证、放射性物品道路运输许可证明或文件。

托运人托运一类放射性物品的,应当向承运人提供国务院核安全监管部门批准的放射性物品运输核与辐射安全分析报告。

托运人托运危险废物(包括医疗废物,下同)的,应当向承运人提供生态环境主管部门核发的危险废物转移联单。

2)容器管理

第四十条 罐式车辆罐体应当在检验有效期内装载危险货物。

装载危险货物的常压罐式车辆罐体使用人应当向获得检验检测机构资质认定证书、并经国务院市场监管部门与国务院交通运输主管部门共同公布的检验机构申请定期检验,检验周期为3年。检验机构对每台定期检验合格的罐体签发定期检验报告,检验信息应当标注在罐体上。

第四十一条 装载危险货物的常压罐式车辆罐体的重大维修、改造,应当委托具备罐体生产许可资质的企业实施,并通过具有专业资质的检验机构的维修、改造检验,取得检验合格证书,方可重新投入使用。

第四十二条 用于运输危险货物的可移动罐柜、罐箱应当经具有专业资质的检验机构检验合格,取得检验合格证书或者定期检验报告,并取得相应的安全合格铭牌及标志,按照规定用途使用。

第四十三条 危险货物包装容器属于移动式压力容器或者气瓶的,还应当满足特种设备相关法律法规、安全技术规范以及相关国际公约和规则的要求。

3)例外数量与有限数量危险货物运输的特殊规定

第十九条 以有限数量包装形式托运危险货物的,托运人应当向承运人提供包装性能测试报告或者出具满足《危险货物道路运输规则 第3部分:品名及运输要求索引》(JT/T 617.3)包装要求的书面声明。承运人应当要求驾驶人随车携带。

托运人应当在托运清单中注明"有限数量危险货物"以及包件的数量、总质量(含包装)。

第二十条 禁止有限数量危险货物包件与爆炸品混合装载。例外数量、有限数量危险货物包件与其他危险货物、普通货物混合装载时,免除隔离要求。

第二十一条 采用例外数量包装形式托运危险货物,并且每个运输车辆内的例外数量危险货物包件数量不超过1000个时,豁免承运企业资质、运输车辆及其外观标志、人员资格、道路通行等有关危险货物运输的要求。

采用有限数量包装形式托运危险货物,并且每个运输车辆运输的有限数量危险货物总质量(含包装)不超过8000kg时,豁免承运企业资质、运输车辆及其外观标志、人员资格、道路通行等有关危险货物运输的要求。

本章所指的例外数量危险货物及有限数量危险货物不包括剧毒化学品、第1类爆炸品及第6类6.2项感染性物质。

法律责任

第五十六条　交通运输管理部门发现危险货物道路运输企业或者单位具有下列情形之一的,应当责令其限期改正,并处2000元以上5000元以下罚款:

(一)违反本办法第七条,未按照要求对本单位员工进行岗前安全教育培训、日常安全教育培训和考核的;

(二)违反本办法第二十四条第二款,未在罐车车辆罐体的适装介质列表范围内承运危险货物的;

(三)违反本办法第二十五条,未按规定制作危险货物运单或者运单内容、保存期限不符合要求的;

(四)违反本办法第二十六条,未按照要求对车辆设备进行检查和记录的;

(五)违反本办法第四十条、第四十一条、第四十二条,使用未经检验合格或者超出检验有效期的罐式车辆罐体、可移动罐柜、罐箱从事危险货物运输的。

第五十九条　公安机关发现相关企业具有下列违法行为之一的,应当责令改正,处5万元以上10万元以下的罚款;构成违反治安管理行为的,依法给予治安管理处罚:

(一)危险货物道路运输企业或者单位违反本办法第二十四条,使用安全技术条件不符合国家标准要求的车辆运输危险化学品的;

(二)危险货物道路运输企业或者单位违反本办法第二十四条,超过车辆核定载质量运输危险化学品的;

(三)运输危险化学品的车辆违反本办法第四十九条,未经公安机关批准进入危险化学品运输车辆限制通行的区域的。

第六十二条　交通运输管理部门、应急管理部门和其他负有安全生产监督管理职责的部门发现危险化学品生产、储存、运输、经营和使用企业,违反本办法第三十二条未建立健全并严格执行充装和发货查验、核准和记录制度的,应当按照职责分工责令其限期改正,并处1万元以上3万元以下罚款。

第六十五条　交通运输管理部门发现危险货物道路运输车辆驾驶人具有下列情形之一的,应当责令其改正,并处200元以上1000元以下罚款:

(一)违反本办法第四十四条,未按规定随车携带危险货物运单、安全卡,或者未按照标准要求随车携带防护用品和应急救援器材;

(二)违反本办法第四十七条,罐式车辆罐体、可移动罐柜、罐箱的关闭装置在运输过程中未处于关闭状态。

第六十六条　公安机关发现危险货物道路运输企业违反本办法第二十四条规定,通过道路运输危险化学品,不配备押运人员的,应当责令改正,处1万元以上5万元以下的罚款;构成违反治安管理行为的,依法给予治安管理处罚。

第六十七条 公安机关发现危险货物运输车辆驾驶人违反本办法第四十四条，未按规定安装、悬挂警示标志，应当责令改正，并对承运人予以处罚：

（一）运输危险化学品的，处 1 万元以上 5 万元以下的罚款；

（二）运输放射性物品的，处 2 万元以上 10 万元以下的罚款；

（三）运输民用爆炸物品的，处 5 万元以上 20 万元以下的罚款。

第六十八条 公安机关发现危险货物运输车辆驾驶人违反本办法第四十四条，未随车携带第十五条规定的证明文件，应当责令改正，并对承运人予以处罚：

（一）运输剧毒化学品未随车携带《剧毒化学品道路运输通行证》的，处 500 元以上 1000 元以下罚款；

（二）运输民用爆炸物品未随车携带《民用爆炸物品运输许可证》的，处 5 万元以上 20 万元以下的罚款。

7.3 《危险货物道路运输规则》(JT/T 617)

2018 年 8 月 29 日，交通运输部修订发布的《危险货物道路运输规则》(JT/T 617—2018)，分为通则、分类、品名及运输要求索引、运输包装使用要求、托运要求、装卸条件及作业要求、运输条件及作业要求共 7 个部分。该标准涉及道路运输危险货物分类、品名、包装、托运、装卸、运输等环节内容，是危险货物道路运输全链条、全要素的系统规定和要求，界定了危险货物道路运输托运人、承运人、装货人等参与方责任。

JT/T 617 是交通运输行业推荐性标准，其中部分内容被法规、规章引用，应强制执行。如《危险货物道路运输安全管理办法》第三章引用了《危险货物道路运输规则 第 3 部分：品名及运输要求索引》(JT/T 617.3)中涉及的"例外数量危险货物和例外数量危险货物的包装、标记、包件测试以及每个内容器和外容器等"内容。用以研究解决"例外数量危险货物和例外数量危险货物"道路运输豁免问题。

《危险货物道路运输规则》(JT/T 617)作为危险货物道路运输行业重要的行业标准，其相关要求指导性较强，危险货物道路运输企业可以参考表 7-6 和表 7-7 开展隐患排查治理工作。

危险货物道路运输运输和装卸要求　　　　　　　　　　　表 7-6

安全生产管理人员签字：　　　　　　　　　　　　　　　日期：

从业人员签字：　　　　　　　　　　　　　　　　　　　日期：

从业人员签字：　　　　　　　　　　　　　　　　　　　日期：

	排查内容	排查（检查）情况	治理措施	备注
	车辆和设备			
1	运输易燃易爆危险货物车辆的排气管，应安装隔热和熄灭火星装置，并配装符合 JT 230 规定的导静电橡胶拖地带装置			

续上表

	排查内容	排查(检查)情况	治理措施	备注
2	车辆应有切断总电源和隔离电火花装置,切断总电源装置应安装在驾驶室内			
3	车辆车厢底板应平整完好,周围栏板应牢固;在装运易燃易爆危险货物时,应使用木质底板等防护衬垫措施			
4	各种装卸机械、工、属具,应有可靠的安全系数;装卸易燃易爆危险货物的机械及工、属具,应有消除产生火花的措施			
5	根据装运危险货物性质,包装形式的需要,应配备相应的捆扎、防水和防散失等用具			
6	装运危险货物应根据货物性质,采取相应的遮阳、控温、防爆、防静电、防火、防震、防水、防冻、防粉尘飞扬、防撒漏等措施			
7	运输危险货物应随车携带"道路运输危险货物安全卡"			
人员				
1	驾驶员、押运人员和装卸管理人员应持证上岗			
2	道路运输危险货物应配备押运人员。押运人员应熟悉所运危险货物特性,并负责运输过程的监管及装卸过程的清点核查			
3	驾驶员和押运人员运输途中应经常检查货物装载情况,发现问题及时采取措施			
4	驾驶员不得擅自改变运行作业计划			
承运				
1	承运人应按照本企业的经营范围受理危险货物的托运			
2	承运人应核实所装运危险货物的收发货地点、时间以及托运人提供的相关单证是否符合规定,并核实货物的品名、编号、规格、数量、件重、包装、标志、安全技术说明书、安全标签和应急措施以及运输要求			
3	危险货物装运前应认真检查包装的完好情况,当发现破损、撒漏,托运人应调换包装或修理加固,否则承运人应拒绝运输			
4	承运人自接货起至送达交付前,应负保管责任。货物交接时,双方应做到点收、点交,由收货人在运单上签收。发生剧毒、爆炸、放射性物品货损、货差的,应及时向公安部门报告			
5	危险货物运达卸货地点后,因故不能及时卸货的,应及时与托运人联系妥善处理。不能及时处理的,承运人应立即报告当地公安部门			
6	承运人应拒绝运输托运人应派押运人员而未派的危险货物			
7	承运人应拒绝运输已有水渍、雨淋痕迹的遇湿易燃物品			

续上表

	排查内容	排查(检查)情况	治理措施	备注
8	承运人有权拒绝运输不符合国家有关规定的危险货物			
9	危险货物运输过程,应每隔2h检查一次有无货损(如丢失、泄漏等)。若发现货损应及时联系当地有关部门予以处理			
出车前				
1	道路危险货物运输车辆的有关证件、标志应齐全有效,技术状况应为良好,并按照有关规定对车辆安全技术状况进行严格检查,发现故障应立即排除			
2	道路危险货物运输车辆的车厢底板应平坦完好、栏板牢固;车厢或罐体内不得有与所装危险货物性质相抵触的残留物。根据危险货物特性,应采取相应的衬垫防护措施(如,铺垫木板、胶合板、橡胶板等)			
3	道路危险货物运输车辆应配备消防器材并定期检查、维护,发现问题应立即更换或修理			
4	根据所运危险货物特性,应随车携带遮盖、捆扎、防潮、防火、防毒等工、属具和应急处理设备、劳动防护用品			
5	装车完毕后车辆起步前,驾驶员应对货物的堆码、遮盖、捆扎等安全措施及对影响车辆起动的不安全因素进行检查,确认无不安全因素后方可起步			
运输				
1	运输途中应尽量避免紧急制动,转弯时车辆应减速			
2	通过隧道、涵洞、立交桥时,要注意标高,限速行驶			
3	运输危险货物过程中,应随车配备押运人员,货物应随时处在押运人员的监管之下			
4	道路危险货物运输车辆严禁搭乘无关人员。驾驶员应根据道路交通状况控制车速,禁止超速和强行超车、会车。押运人员应密切注意车辆所装载的危险货物,根据危险货物性质定时停车检查,发现问题及时会同驾驶员采取措施妥善处理。驾驶员、押运人员不得擅自离岗、脱岗			
5	道路危险货物运输车辆不得在居民聚居点、行人稠密地段、政府机关、名胜古迹和风景游览区停车。如确需进入上述地区进行装卸作业或临时停车,应采取安全措施。运输剧毒、爆炸、放射性物品,需进入大中城市和风景游览区的,应事先报经当地公安部门批准,并按指定的路线、时间行驶			

续上表

	排查内容	排查(检查)情况	治理措施	备注
6	运输危险货物途中需要停车住宿或遇有无法正常运输的情况时,应向当地公安部门报告。			
7	运输危险货物途中遇有天气、道路路面状况发生变化,应根据所装载危险货物特性,及时采取安全防护措施。遇有雷雨时,不得在树下、电线杆、高压线、铁塔、高层建筑及容易遭到雷击和产生火花的地点停车。若要避雨时,应选择安全地点停放。遇有泥泞、冰冻、颠簸、狭窄及山崖等路段时,应低速缓慢行驶,防止车辆侧滑、打滑及危险货物剧烈震荡等,确保运输安全			
8	运输危险货物过程中发生事故时,驾驶员和押运人员应立即向当地公安部门和安全生产管理部门、环境保护部门、质检部门报告,并应看护好车辆、货物,共同配合采取一切可能的警示、救援措施			
	装卸			
1	危险货物包装标志应符合 GB 190 的要求			
2	道路危险货物运输车辆应按装卸作业的有关安全规定驶入装卸作业区,应停放在容易驶离作业现场的方位上,不准堵塞安全通道。停靠货垛时,应听从作业区业务管理人员的指挥,车辆与货垛之间要留有安全距离。待装卸的车辆与装卸中的车辆应保持足够的安全距离			
3	押运人员应熟悉所运危险货物特性,并负责装卸过程的清点核查			
4	作业前应对照托运单证,核对危险货物名称、规格、数量,并认真检查货物包装。货物的安全技术说明书、安全标签、标识、标志等与运单不符或包装破损、包装不符合有关规定的货物应拒绝装车			
5	装卸操作时应根据危险货物包装的类型、体积、重量、件数等情况,并根据包装储运图示标志的要求,采取相应的措施,轻装轻卸,谨慎操作。同时应做到: a) 堆码整齐,紧凑牢靠,易于点数; b) 装车堆码时,桶口、箱盖朝上,允许横倒的桶口及袋装货物的袋口应朝里;卸车堆码时,桶口、箱盖朝上,允许横倒的桶口及袋装货物的袋口应朝外;			

续上表

序号	排查内容	排查(检查)情况	治理措施	备注
5	c) 装载平衡；堆码时应从车厢两侧向内错位骑缝堆码，高出栏板的最上一层包装件，堆码超出车厢前挡板的部分不得大于包装件本身高度的二分之一； d) 装车后，货物应用绳索捆扎牢固；易滑动的包装件，需用防散失的网罩覆盖并用绳索捆扎牢固或用毡布覆盖严密；需用多块毡布覆盖货物时，两块毡布中间接缝处须有大于15cm的重叠覆盖，且货厢前半部分毡布需压在后半部分的毡布上面； e) 包装件体积为450L以上的易滚动危险货物应紧固； f) 带有通气孔的包装件不准倒置、侧置，防止所装货物泄漏或混入杂质造成危害			
6	装卸过程中，车辆发动机应熄火，并切断总电源(需从车辆取力的除外)。在有坡度的场地装卸货物时，应采取防止车辆溜坡的有效措施			
7	装卸过程中需要移动道路危险货物运输车辆时，应先关上车厢门或栏板。若车厢门或栏板在原地关不上时，应有人监护，在保证安全的前提下才能移动车辆。起步要慢，停车要稳			
8	危险货物托盘、手推车尽量专用。装卸前，要对装卸机具进行检查。装卸机具应有防止发生火花的防护装置。装卸爆炸品、有机过氧化物、剧毒品时，装卸机具的最大装载量应小于其额定负荷的75%			
9	装卸作业场所要远离热源，严禁受热，通风良好；电气设备应符合规定要求，严禁使用明火灯具照明，照明灯应具有防爆性能；易燃易爆货物的装卸场所要有防静电和避雷装置			
10	危险货物装卸完毕，作业场所应彻底清扫干净。装运过剧毒品的车辆和受到危险货物污染的车辆、工具应按相关车辆清洗消毒方法洗刷和除污。危险货物的撒漏物和污染物应送到当地环保部门指定地点集中处理			
11	危险货物运达卸货地点后因故不能及时卸货时，在待卸期间，驾驶员应协同押运人员看管货物；爆炸品、剧毒品、放射性物品运达卸货地点后因故待卸时，应报告当地公安部			

部分常见危险货物运输和装卸要求见表7-7。

部分常见危险货物运输和装卸要求　　　　　　　　　　　表 7-7

安全生产管理人员签字：　　　　　　　　　　　　　日期：

从业人员签字：　　　　　　　　　　　　　　　　　日期：

	排查内容	排查(检查)情况	治理措施	备注
液化石油气（此处特指汽车罐车装运液化石油气）				
出车前				
1	液化石油气专运厢型货车的发动机(机舱内)应安装快速火花熄灭装置			
2	液化石油气汽车罐车，应配有固定的驾驶员和押运人员。驾驶员和押运人员应熟知液化石油气的物理、化学性能及有关安全管理规定，熟知城市运输和公路运输的安全知识，以及罐车的技术性能、装卸作业安全操作规程、防火、灭火知识和发生事故的处理方法，并能熟练使用液化石油气紧急切断装置和随车携带的灭火器材			
运输				
1	道路运输液化石油气罐车应按当地公安部门规定的路线、时间和车速行驶，不准带拖挂车，不得携带其他易燃、易爆危险物品。罐体内温度达到40℃时，应采取遮阳或罐外冷水降温措施			
2	在途中需停车检修时，应使用不产生火花的工具，并不准有明火作业。如途中停车需超过6h时，应与当地公安部门联系，并按指定的安全地点停放			
3	道路运输液化石油气罐车若发生大量泄漏时，应切断一切火源，戴好防护面具与手套；应立即采取防火、灭火措施，勿使其燃烧，同时关闭阀门制止渗漏，并用雾状水保护关闭阀门的人员；设立警戒区，并组织人员向逆风方向疏散。一般不得起动车辆			
装卸				
1	道路运输液化石油气罐车应按指定位置停车，实施驻车制动，并熄灭发动机。在有坡度的场地停车时，应采取防止车辆溜坡的有效措施。作业现场禁止烟火，不得使用易产生火花的工具和用品			
2	作业前应接好安全地线，管道和管接头连接必须牢靠，并排尽空气			
3	装卸作业人员应相对稳定。作业时，驾驶员、押运人员和操作人员均不得离开现场。在正常装卸时，不得随意起动车辆			

续上表

	排查内容	排查(检查)情况	治理措施	备注
4	新罐车或检修后、首次充装的罐车,充装前应作抽真空或充氮置换处理,严禁直接充装			
5	道路运输液化石油气罐车充装时须用地磅、液面计、流量计或其他计量装置进行计量,严禁超装。罐车的充装量不得超过设计所允许的最大充装量。温差大于40℃时,罐内的液相装量不得大于其最大充装量的85%,温差更大时其装量应更低			
6	充装完毕,必须复检重量或液位,并应认真填写充装记录。若有超装,须立即处理			
7	道路运输液化石油气罐车抵达厂(站)后,应及时往贮罐灌放。固定式罐车不得兼作贮罐用。一般情况不得从罐车直接向钢瓶直接灌装;如临时确需从罐车直接灌瓶,现场必须符合安全防火、灭火要求,并有相应的安全措施,且应预先取得当地公安消防部门的同意			
8	禁止采用蒸汽直接注入罐车罐内升压,或直接加热罐车罐体的方法卸放			
9	道路运输液化石油气罐车卸放后,罐内应留有规定的余压			
10	凡出现下列情况,罐车应立即停止装卸作业,并作妥善处理: a) 雷击天气; b) 附近发生火灾; c) 检测出液化气体泄漏; d) 液压异常; e) 其他不安全因素			
	油品(此处特指用常压燃油罐车运输燃油)			
	出车前			
1	道路运输燃油的燃油罐车,应配有固定的驾驶员和押运人员。驾驶员和押运人员要掌握所运油品的理化特性、城市运输和公路运输的安全知识,以及罐车的技术性能、装卸作业安全操作规程、防火、灭火知识和发生事故的处理方法,并能熟练使用燃油紧急切断装置和随车携带的灭火器材			
2	驾驶员、押运人员、装卸人员进出油库要穿着防静电工作服和工作鞋,并遵守油库的有关规定,不带火种进库,接受检查			
	运输			
1	当道路运输燃油罐车的罐体内温度达到40℃时,应采取遮阳或罐外冷水降温措施			

续上表

	排查内容	排查(检查)情况	治理措施	备注
2	道路运输汽油罐车平时应按规定的位置单独停放。装满汽油的罐车不得进入车库停放			
3	不准在驾驶室或货物周围吸烟			
装卸				
1	在灌油前和放油后,驾驶员应检查阀门和管盖是否关牢,查看接地线是否接牢,不得敞盖行驶,严禁罐车顶部载物			
2	道路运输燃油罐车可采用泵送或自流灌装			
3	道路运输燃油罐车进站卸油时,其他车辆不准进入,停止所有加油作业,并要有专人监护,避免行人靠近			
4	应采用密闭卸油,即在地下油罐和油罐车之间设置一条油气管道,通过管道使油从油罐车流向地下油罐,而地下油罐内的气体沿着管道流向油罐车,进行油气置换			
5	卸油时发动机应熄火。雷雨天气时,应确认避雷电措施有效;否则应停止卸油作业			
6	卸油时夹好导静电接线,接好卸油胶管,当确认所卸油品与储油罐所储的油品种类相同时方可缓慢开启卸油阀门			
7	卸油前要检查油罐的存油量,以防止卸油时冒顶跑油。卸油时严格控制流速,在油品没有淹没进油管口前,油品的流速应控制在 0.7m/s~1m/s 以内,防止产生静电			
8	卸油过程要做到不冒、不洒、不漏,各部分接口牢固,卸油时驾驶员不得离开现场,应与加油站工作人员共同监视卸油情况,发现问题随时采取措施			
9	卸油时,卸油管应深入罐内。卸油管口至罐底距离不得大于 300mm,以防喷溅产生静电			
10	卸油要尽可能卸净,当加油站工作人员确认罐内已无储油时方可关闭放油阀门,收好放油管道,盖严油罐盖			
11	测量油量要在卸完油 30min 以后进行,以防测油尺与油液面、油罐之间静电放电			

第8章　放射性物品道路运输生产安全事故隐患排查治理的要求

为规范放射性物品道路运输活动,保障人民生命财产安全,保护环境,依据《道路运输条例》和《放射性物品运输安全管理条例》,交通运输部制定了《放射性物品道路运输管理规定》(交通运输部令2023年第17号,以下简称《放规》)。《放规》分总则、运输资质许可、专用车辆、设备管理、放射性物品运输、法律责任、附则,共6章48条。

从事放射性物品道路运输活动的应当遵守本规定。

> **基本概念**
>
> (1)放射性物品,是指含有放射性核素,并且其活度和比活度均高于国家规定的豁免值的物品。
>
> 放射性物品的具体分类和名录,按照国务院核安全监管部门会同国务院公安、卫生、海关、交通运输、铁路、民航、核工业行业主管部门制定的放射性物品具体分类和名录执行。
>
> 根据放射性物品的特性及其对人体健康和环境的潜在危害程度,放射性物品可分为一类、二类和三类。
>
> (2)放射性物品道路运输专用车辆(以下简称专用车辆),是指满足特定技术条件和要求,用于放射性物品道路运输的载货汽车。
>
> (3)放射性物品道路运输,是指使用专用车辆通过道路运输放射性物品的作业过程。

8.0.1　企业资质条件

放射性物品道路运输企业依据《放规》在"企业资质条件"方面开展隐患排查治理工作的要求见表8-1。

企业资质条件　　　　　　　　　　　　　　　表8-1

主要负责人签字:　　　　　　　　　　　　　　日期:
安全生产管理人员签字:　　　　　　　　　　　日期:
从业人员签字:　　　　　　　　　　　　　　　日期:

排查内容 (《放规》有关条款)	排查(检查)情况	治理措施	备注
第七条	申请从事放射性物品道路运输经营的,应当具备下列条件		

续上表

排查内容（《放规》有关条款）			排查(检查)情况	治理措施	备注
第七条	（一）有符合要求的专用车辆及设备				
	1	专用车辆的技术要求应当符合《道路运输车辆技术管理规定》有关规定			
	2	车辆为企业自有，且数量为5辆以上			
	3	核定载质量在1吨及以下的车辆为厢式或者封闭货车			
	4	车辆配备满足在线监控要求，且具有行驶记录仪功能的卫星定位系统			
	5	配备有效的通信工具			
	6	配备必要的辐射防护用品和依法经定期检定合格的监测仪器			
	（二）有符合要求的从业人员				
	1	专用车辆的驾驶员取得相应机动车驾驶证，年龄不超过60周岁			
	2	从事放射性物品道路运输的驾驶员、装卸管理人员、押运人员经所在地设区的市级人民政府交通运输主管部门考试合格，取得注明从业资格类别为"放射性物品道路运输"的道路运输从业资格证（以下简称道路运输从业资格证）			
	3	有具备辐射防护与相关安全知识的安全生产管理人员			
	（三）有健全的安全生产管理制度				
	1	有关安全生产应急预案			
	2	从业人员、车辆、设备及停车场地安全管理制度			
	3	安全生产作业规程和辐射防护管理措施			
	4	安全生产监督检查和责任制度			
第十八条	禁止使用报废的、擅自改装的、检测不合格的或者其他不符合国家规定要求的车辆、设备从事放射性物品道路运输活动				
第十九条	禁止专用车辆用于非放射性物品运输，但集装箱运输车（包括牵引车、挂车）、甩挂运输的牵引车以及运输放射性药品的专用车辆除外				
	按照本条第一款规定使用专用车辆运输非放射性物品的，不得将放射性物品与非放射性物品混装				

续上表

排查内容 (《放规》有关条款)		排查(检查)情况	治理措施	备注
第二十一条	道路运输放射性物品的承运人(以下简称承运人)应当取得相应的放射性物品道路运输资质,并对承运事项是否符合本企业或者单位放射性物品运输资质许可的运输范围负责			
第二十七条	专用车辆不得违反国家有关规定超载、超限运输放射性物品			
第三十四条	放射性物品道路运输企业或者单位应当投保危险货物承运人责任险			
第三十五条	放射性物品道路运输企业或者单位不得转让、出租、出借放射性物品道路运输许可证件			

8.0.2 专用车辆、设备及运输管理

放射性物品道路运输企业依据《放规》在"专用车辆、设备管理"方面开展隐患排查治理工作的要求见表8-2。

专用车辆、设备管理　　　　　　　　　　　　　　表8-2

主要负责人签字：　　　　　　　　　　　日期：
安全生产管理人员签字：　　　　　　　　日期：
从业人员签字：　　　　　　　　　　　　日期：

排查内容 (《放规》有关条款)			排查(检查)情况	治理措施	备注
第十五条		放射性物品道路运输企业或者单位应当按照有关车辆及设备管理的标准和规定,维护、检测、使用和管理专用车辆和设备,确保专用车辆和设备技术状况良好			
第二十三条 承运人与托运人订立放射性物品道路运输合同前,应当查验、收存托运人提交的下列材料	1	运输说明书,包括放射性物品的品名、数量、物理化学形态、危害风险等内容			
	2	辐射监测报告,其中一类放射性物品的辐射监测报告由托运人委托有资质的辐射监测机构出具;二、三类放射性物品的辐射监测报告由托运人出具			
	3	核与辐射事故应急响应指南			
	4	装卸作业方法指南			
	5	安全防护指南			

续上表

排查内容（《放规》有关条款）		排查(检查)情况	治理措施	备注
第二十三条	托运人将本条第一款第（四）项、第（五）项要求的内容在运输说明书中一并作出说明的，可以不提交第（四）项、第（五）项要求的材料			
	托运人提交材料不齐全的，或者托运的物品经监测不符合国家放射性物品运输安全标准的，承运人不得与托运人订立放射性物品道路运输合同			
第二十四条	一类放射性物品启运前，承运人应当向托运人查验国务院核安全主管部门关于核与辐射安全分析报告书的审批文件以及公安部门关于准予道路运输放射性物品的审批文件			
	二、三类放射性物品启运前，承运人应当向托运人查验公安部门关于准予道路运输放射性物品的审批文件			
第二十五条	托运人应当按照《放射性物质安全运输规程》（GB 11806）等有关国家标准和规定，在放射性物品运输容器上设置警示标志			
第二十六条	专用车辆运输放射性物品过程中，应当悬挂符合国家标准《道路危险货物运输车辆标志》（GB 13392）要求的警示标志			
第二十八条	在放射性物品道路运输过程中，除驾驶员外，还应当在专用车辆上配备押运人员，确保放射性物品处于押运人员监管之下。运输一类放射性物品的，承运人必要时可以要求托运人随车提供技术指导			
第二十九条	驾驶员、装卸管理人员和押运人员上岗时应当随身携带道路运输从业资格证，专用车辆驾驶员还应当随车携带《道路运输证》			
第三十条	驾驶员、装卸管理人员和押运人员应当按照托运人所提供的资料了解所运输的放射性物品的性质、危害特性、包装物或者容器的使用要求、装卸要求以及发生突发事件故时的处置措施			
第三十一条	放射性物品运输中发生核与辐射事故的，承运人、托运人应当按照核与辐射事故应急响应指南的要求，结合本企业安全生产应急预案的有关内容，做好事故应急工作，并立即报告事故发生地的县级以上人民政府生态环境主管部门			

续上表

排查内容 (《放规》有关条款)		排查(检查)情况	治理措施	备注
第三十二条	放射性物品道路运输企业或者单位应当聘用具有相应道路运输从业资格证的驾驶员、装卸管理人员和押运人员,并定期对驾驶员、装卸管理人员和押运人员进行运输安全生产和基本应急知识等方面的培训,确保驾驶员、装卸管理人员和押运人员熟悉有关安全生产法规、标准以及相关操作规程等业务知识和技能			
第三十二条	放射性物品道路运输企业或者单位应当对驾驶员、装卸管理人员和押运人员进行运输安全生产和基本应急知识等方面的考核;考核不合格的,不得从事相关工作			
第三十三条	放射性物品道路运输企业或者单位应当按照国家职业病防治的有关规定,对驾驶员、装卸管理人员和押运人员进行个人剂量监测,建立个人剂量档案和职业健康监护档案			

⚖ 法律责任

第三十七条 拒绝、阻碍道路运输管理机构依法履行放射性物品运输安全监督检查,或者在接受监督检查时弄虚作假的,由交通运输主管部门责令改正,处1万元以上2万元以下的罚款;构成违反治安管理行为的,交由公安机关依法给予治安管理处罚;构成犯罪的,依法追究刑事责任。

第三十八条 违反本规定,未取得有关放射性物品道路运输资质许可,有下列情形之一的,由交通运输主管部门责令停止运输,违法所得超过2万元的,没收违法所得,处违法所得2倍以上10倍以下的罚款;没有违法所得或者违法所得不足2万元的,处3万元以上10万元以下的罚款。构成犯罪的,依法追究刑事责任:

(一)无资质许可擅自从事放射性物品道路运输的;

(二)使用失效、伪造、变造、被注销等无效放射性物品道路运输许可证件从事放射性物品道路运输的;

(三)超越资质许可事项,从事放射性物品道路运输的;

(四)非经营性放射性物品道路运输单位从事放射性物品道路运输经营的。

第三十九条 违反本规定,放射性物品道路运输企业或者单位未按规定维护和检测专用车辆的,由交通运输主管部门责令改正,处1000元以上5000元以下的罚款。

第四十条 违反本规定,未随车携带《道路运输证》的,由交通运输主管部门责令改正,对放射性物品道路运输企业或者单位处警告或者20元以上200元以下的罚款。

第四十一条 放射性物品道路运输活动中,由不符合本规定第七条、第八条规定条件的人员驾驶专用车辆的,由交通运输主管部门责令改正,处200元以上2000元以下的罚款;构成犯罪的,依法追究刑事责任。

第四十二条 违反本规定,放射性物品道路运输企业或者单位有下列行为之一,由交通运输主管部门责令限期投保;拒不投保的,由原许可的设区的市级道路运输管理机构吊销《道路运输经营许可证》或者《放射性物品道路运输许可证》,或者在许可证件上注销相应的许可范围:

(一)未投保危险货物承运人责任险的;

(二)投保的危险货物承运人责任险已过期,未继续投保的。

第四十四条 违反本规定,放射性物品道路运输企业或者单位已不具备许可要求的有关安全条件,存在重大运输安全隐患的,由交通运输主管部门责令限期改正;在规定时间内不能按要求改正且情节严重的,由原许可机关吊销《道路运输经营许可证》或者《放射性物品道路运输许可证》,或者在许可证件上注销相应的许可范围。

附 录

附录　**附录1**　《道路运输企业车辆技术管理规范》（JT/T 1045）

附录1　《道路运输企业车辆技术管理规范》（JT/T 1045）

《道路运输企业车辆技术管理规范》（JT/T 1045—2016，以下简称《车辆技术管理规范》）规定了道路运输企业车辆技术管理的机构及人员、车辆选购、车辆使用、车辆维修、车辆检测评定、车辆处置、车辆技术档案和车辆技术管理考核，适用于道路旅客运输、普通货物运输和危险货物运输车辆的技术管理，其他车辆的技术管理可参照使用。

> **基本概念**
>
> （1）车辆技术管理，是指依照国家法律法规、标准规范和企业规章制度，对车辆实行择优选配、正确使用、周期维护、视情修理、定期检测、适时更新的全过程管理所开展的一系列技术活动的总称。
>
> （2）能源消耗定额，是指车辆行驶每百车公里或完成百吨公里运输量所消耗能源（包括汽柴油、天然气和电能等）的限额。
>
> （3）轮胎行驶里程定额，是指车辆装配的新轮胎从开始使用到停用报废总行驶里程的限额。
>
> （4）车辆维修费用定额，是指车辆每行驶一定里程所需维护与修理耗用的工时和物料费用的限额。
>
> （5）车辆小修频率，是指统计期内，企业全部运输车辆每千车公里发生小修的次数（不包括维护作业中的小修）。
>
> （6）车辆平均技术等级，是指统计期内，企业全部运输车辆技术状况的平均等级。
>
> （7）维护计划执行率，是指统计期内，企业全部运输车辆按照维护计划要求，实际维护车辆数占计划维护车辆数的百分比。
>
> （8）车辆完好率，是指统计期内，企业全部运输车辆的完好车日占总车日的百分比。其中，总车日指所有车辆的车日总数；完好车日指所有车辆不需要进行维修就可以随时出车执行运输任务的车日总数（包括货源不足、缺燃料、缺驾驶员、气候影响等因素影响整日不能运行的车日）。

一、企业管理

道路运输企业依据《车辆技术管理规范》在"企业管理"方面开展隐患排查治理工作的要求见附表1-1。

企业管理 附表1-1

主要负责人签字： 日期：
安全生产管理人员签字： 日期：

排查内容		排查(检查)情况	治理措施	备注
4 机构及人员				
4.1 机构及人员配置				
4.1.1	危险货物运输企业、拥有10辆(含)以上营运车辆的道路旅客运输企业和拥有30辆(含)以上营运车辆的普通货物运输企业应设置专门的车辆技术管理机构，配备技术负责人和车辆技术管理人员			通过车辆数核查技术管理人员配备是否合理
4.1.2	拥有10辆以下营运车辆的道路旅客运输企业和拥有30辆以下营运车辆的普通货物运输企业应配备车辆技术管理人员			
4.1.3	技术负责人由企业管理层成员或法定代表人授权人员担任，全面负责本单位车辆技术管理工作			
4.1.4	车辆技术管理人员的配备要求为： a)道路危险货物运输车辆、道路旅客运输车辆每50辆车应配1人，不足50辆的应至少配1人； b)道路普通货物运输车辆(以下简称普通货车)每100辆车应配1人，不足100辆的应至少配1人； c)若企业同时经营道路旅客运输、普通货物运输、危险货物运输中的两种或两种以上业务，配备标准应按照上述a)、b)分别测算。 注：运输普通货物的挂车按普通货车单计，运输危险货物的挂车按危货运输车单计			
4.1.5	车辆技术管理的主要职责包括： a)贯彻执行国家及地方道路运输有关法律法规、方针政策和标准规范； b)制定本单位的车辆技术管理规章制度、标准规范和操作规程； c)建立车辆技术管理岗位责任制，明确车辆技术管理人员的职责和权限； d)建立车辆技术管理考核体系，制定各类定额标准和技术质量指标； e)制订车辆技术管理计划(包括人员培训计划、车辆维护计划等)，并定期组织实施；			

附录　附录1　《道路运输企业车辆技术管理规范》（JT/T 1045）

续上表

	排查内容	排查(检查)情况	治理措施	备注
4.1.5	f)建立车辆技术管理档案,实时更新档案信息和数据记录; g)制作管理台账、原始记录及统计报表,定期统计分析车辆技术管理状况; h)推广应用信息化技术以及新产品、新材料、新技术和新工艺; i)组织开展各种技术协作、技术交流、技术培训、技能竞赛等活动; j)做好运输生产和技术管理的衔接,解决生产过程中出现的车辆技术问题			
	4.2　人员条件			
4.2.1	技术负责人应熟悉与道路运输生产相关的政策法规、标准规范、车辆技术及管理知识,并具备以下条件之一: a)大专及以上学历; b)工程师及以上专业技术职称或技师及以上职业技能等级; c)3年以上道路运输行业从业经历			
4.2.2	车辆技术管理人员应熟悉与道路运输生产相关的政策法规、标准规范和汽车构造、使用与维修等知识,并具备以下条件之一: a)中专及以上学历; b)助理工程师及以上专业技术职称或中级工及以上职业技能等级; c)2年以上道路运输行业从业经历			
	4.3　人员培训			
4.3.1	企业应建立车辆技术管理培训制度,内容包括培训部门及职责、培训内容、培训形式、学时要求和培训考核			
4.3.2	培训内容应包括相关法律法规、规章制度、标准规范、操作规程,及车辆检验、维护、使用、安全和节能驾驶的知识			
4.3.3	培训对象应包括车辆技术管理人员、驾驶员以及与技术管理相关的维修、检验人员等			
4.3.4	企业应制订人员培训年度计划,并按期组织实施,培训后应经考核合格			

二、车辆管理

道路运输企业依据《车辆技术管理规范》在"车辆管理"方面开展隐患排查治理工作的要求见附表1-2。

车辆管理　　　　　　　　　　　　　　　　　　　　　　附表1-2

技术负责人签字：　　　　　　　　　　　日期：
车辆技术管理人员签字：　　　　　　　　日期：
从业人员签字：　　　　　　　　　　　　日期：

	排查内容	排查(检查)情况	治理措施	备注
	5　车辆选购			
5.1	企业应建立车辆采购管理制度,内容包括车辆采购相关部门及职责、采购计划、采购流程、选型论证、合同管理和车辆验收			
5.2	企业应根据运输任务需求,提出车辆新增或更新的采购计划,并按照采购流程实施采购			
5.3	企业应根据车辆的用途、运量、运距和道路、气候及燃料供应等条件,对拟选车型的容载量、动力性、安全性、环保性、经济性、通过性、可靠性及维修方便性等进行技术论证			
5.4	企业宜优先选购燃气、纯电动、混合动力等清洁能源或新能源汽车,以及具有自适应巡航控制系统、防撞预警系统、车道偏离预警系统等安全技术的汽车			
5.5	车辆技术条件应符合国家车辆登记注册要求			
	6　车辆使用			
	6.1　投入使用前期管理			
6.1.1	新车接收时应按照采购合同(或协议),核对车辆及装备信息,清点随车工具及有关资料(出厂合格证明、发动机与车架拓印件、使用说明书和维修保养手册等)			
6.1.2	企业应组织车辆技术管理人员和驾驶员对新购车型的技术性能、使用要求进行技术培训。设有机动车维修机构的运输企业,还应组织维修人员对新购车型的技术性能、修理方法进行技术培训			
6.1.3	按照相关标准要求配齐三角木、警示牌、消防器材、安全锤(客车)等必要的安全设备			
6.1.4	企业应在办理完营运手续后5个工作日内建立车辆技术档案			

附录 附录1 《道路运输企业车辆技术管理规范》（JT/T 1045）

续上表

	排查内容	排查(检查)情况	治理措施	备注
6.1.5	在走合期内,驾驶员应严格按照整车制造厂的要求进行新车走合维护,减载限速,规范操作			
6.1.6	在质保期内,企业应严格按照制造厂的技术要求进行车辆使用和维护。因车辆质量问题发生故障及损坏,应及时组织技术鉴定,并按照规定程序向整车制造厂或销售商索赔			
6.2 车辆运行管理				
6.2.1	车辆技术状况应符合 GB 7258、GB 18565 的要求,并按计划进行正常维护			
6.2.2	车辆技术等级、客车类型等级应分别符合 JT/T 198、JT/T 325 的要求,并满足运输任务、线路条件的要求			
6.2.3	车辆装载质(客)量应符合核定装载要求,不得超员、超载和超限			
6.2.4	企业应根据车辆使用环境和道路条件,依据 JT/T 807、JT/T 915制定驾驶操作规程,内容应包括一般条件和高温、低温、高原、山区等特殊条件的驾驶操作要求及安全技术措施			
6.2.5	在特殊运行条件下使用时,车辆应根据需要配备保温、防滑、牵引等临时性装备			
6.2.6	驾驶员应严格按照操作规程要求,规范操作,安全行车,防止发生机械损伤和安全事故			
6.2.7	应督促驾驶员在出车前、行车途中和收车后,做好车辆安全检查和日常维护,做好相关记录,发现故障或安全隐患应及时报修			
6.3 车辆能源管理				
6.3.1	企业应建立车辆能源消耗管理制度,内容包括能源管理相关部门及职责、能源类别、定额指标和统计考核			
6.3.2	企业应根据车辆类型、使用条件、载质(客)量和能源类别等,依据相关标准制定能源消耗定额指标			
6.3.3	企业应建立车辆能源消耗管理台账,逐月记录车辆的行驶里程、能源消耗量和载客(货)量等基础数据,定期统计分析车辆能源消耗量盈亏情况,并根据考核结果实施奖惩			
6.4 车辆轮胎管理				
6.4.1	企业应建立轮胎管理制度,内容包括轮胎管理相关部门及职责、采购、仓储、领用、维修、报废、定额指标和统计考核			

续上表

排查内容		排查(检查)情况	治理措施	备注
6.4.2	企业应建立轮胎管理台账,准确记录轮胎的厂牌、规格、胎号、换装日期及维修、报废信息,定期登记实际行驶里程、累计行驶里程			
6.4.3	企业应根据车辆类型、使用条件和轮胎性能等,制定轮胎行驶里程定额指标,定期统计考核			
6.4.4	载重汽车和轿车的轮胎规格、负荷和速度等级应分别符合 GB/T 2977、GB/T 2978 的规定			
6.4.5	同一轴上的轮胎规格、花纹、厂牌及层级应相同,斜交胎与子午线胎、有内胎与无内胎的轮胎不得同轴混装			
6.4.6	翻新轮胎的使用应符合 GB 7258 的要求			
6.4.7	车辆技术管理人员应定期对轮胎进行检查、维护,轮胎外观、气压及花纹深度应符合有关标准和原厂技术要求			
6.5 卫星定位装置管理				
6.5.1	按照规定需要安装卫星定位装置的车辆,企业应建立卫星定位车载终端安装、使用及维护制度,并按规定进行安装和使用			
6.5.2	企业应督促驾驶员在出车前、行车中和收车后检查卫星定位装置的工作状态,发现故障应及时报修			
6.5.3	企业应定期对卫星定位装置进行维护,确保装置完好和系统工作状态正常			
6.5.4	车辆转出或报废时,应及时办理相关手续,对车载终端予以变更或拆除			
7 车辆维修				
7.1	企业应建立车辆维护管理制度,内容包括维护管理部门及职责、作业分类、质量管理、定额指标和统计考核要求			
7.2	企业应依据 GB/T 18344、GB/T 27876、GB/T 27877、JT/T 1009 等标准以及车辆维修手册、使用说明书等技术文件,结合车辆类别、运行状况、行驶里程、道路条件、使用年限等因素,确定车辆维护周期(用维护间隔时间或间隔里程表示)			
7.3	企业应根据车辆维护周期要求,制订车辆维护计划,并按期组织实施			
7.4	设有机动车维修机构并自行实施车辆维护的企业,应依据 GB/T 18344、GB/T 27876、GB/T 27877、JT/T 1009 等标准制定车辆维护作业规范或细则,明确维护作业项目、内容及技术要求,维护过程中应做好维护记录			

附录　附录1　《道路运输企业车辆技术管理规范》（JT/T 1045）

续上表

	排查内容	排查(检查)情况	治理措施	备注
7.5	委托外单位机动车维修企业实施二级维护的车辆，作业项目、内容和技术要求应符合 GB/T 18344、GB/T 27876、GB/T 27877、JT/T 1009 及相关标准要求，维护完成后应妥善保存竣工出厂合格证及相关凭证			
7.6	车辆技术管理人员应不定期开展车辆维护执行情况抽查并建立台账，对抽查中发现的问题应及时处理			
7.7	车辆修理应遵循视情修理的原则，技术条件应符合 GB/T 3799、GB/T 5336 等标准要求			
7.8	企业应根据车辆类型和使用条件等，制定车辆维修费用定额指标，并定期进行统计分析			
8　车辆检测评定				
8.1	企业应建立车辆检测评定管理制度，内容包括检测管理部门及职责、检测分类和检测组织			
8.2	企业应按期组织车辆进行安全技术检验、环保检验和综合性能检测(含技术等级评定、客车类型等级评定或年度类型等级评定复核)，检测周期和频次应符合有关规定			
8.3	车辆检测后，应及时归档检测报告或凭证，并在档案中记载有关信息			
8.4	检测不合格的车辆，应及时维修、调整，经复检合格后方可安排运输任务			
9　车辆处置				
9.1　车辆停驶与封存				
9.1.1	长期停驶或封存的车辆，应指定专人负责保管			
9.1.2	车辆停驶或封存期间，应根据整车制造厂的要求或当地实际情况，做好车辆技术防护			
9.1.3	车辆停驶或封存4个月以上的，投入运输生产前应进行二级维护作业			
9.2　车辆转让				
9.2.1	企业应办理完成车辆转让变更手续，完整移交车辆技术档案			
9.2.2	企业应清除车辆与企业有关的喷涂图案、字符和标识			
9.3　车辆报废				
9.3.1	达到国家强制报废标准规定的车辆，应按照有关规定进行报废，及时办理报废手续			

续上表

排查内容	排查(检查)情况	治理措施	备注
9.3.2 车辆报废后应将《道路运输证》及有关营运标志交回原证件配发机关			
9.3.3 应妥善保存回收证明、注销证明等凭证			

三、车辆技术

道路运输企业依据《车辆技术管理规范》在"车辆技术"方面开展隐患排查治理工作的要求见附表1-3。

车辆技术　　　　　　　　　　　　　　　　　　　　附表1-3

技术负责人签字：　　　　　　　　　　日期：
车辆技术管理人员签字：　　　　　　　日期：
从业人员签字：　　　　　　　　　　　日期：

排查内容	排查(检查)情况	治理措施	备注
10　车辆技术档案			
10.1　企业应建立车辆技术档案管理制度,内容包括档案管理部门及职责、建档、保存、更新和转出			
10.2　车辆技术档案实行一车一档,由专人负责,妥善保存,未经允许不得随意借出			
10.3　档案内容应包括车辆基本信息、车辆技术等级评定、客车类型等级评定或年度类型等级评定复核、车辆维护和修理、车辆主要零部件更换、车辆变更、行驶里程、对车辆造成损伤的交通事故等记录			
10.4　档案应保存以下材料的原件或复印件： a)机动车行驶证； b)道路运输证； c)机动车登记证书； d)机动车整车出厂合格证； e)机动车维修竣工出厂合格证； f)车辆燃料消耗量核查表或报告； g)机动车安全技术检验、环保检验报告； h)汽车综合性能检测报告(含车辆技术等级评定结论)； i)客车类型等级评定(复核)报告； j)压力容器和罐式专用车辆的罐体检测报告。 注:车辆检测实行电子联网,且不提供纸质检验报告的地区,可不保存纸质材料			

附录 附录1 《道路运输企业车辆技术管理规范》(JT/T 1045)

续上表

	排查内容	排查(检查)情况	治理措施	备注
10.5	档案信息应记载及时、完整和准确,不应损毁、随意涂改和伪造			
10.6	企业应运用信息化技术开展车辆技术管理,及时记载车辆全寿命周期的技术状况信息,定期统计分析车辆行驶里程、能源消耗量、维修费用、维护计划执行率、车辆完好率、车辆小修频率、车辆平均技术等级等技术指标			
11 车辆技术管理考核				
11.1	企业应建立车辆技术管理考核制度,内容包括考核部门及职责、考核周期、考核内容、考核方法和奖惩措施			
11.2	企业应在每年初制订当年车辆技术管理的技术质量目标,主要包括: a)维护计划执行率(包括一、二级维护); b)车辆完好率; c)车辆小修频率; d)车辆平均技术等级			
11.3	企业应制定车辆技术管理考核的标准或细则,考核内容包括: a)机构设置及人员配备情况; b)人员培训情况; c)制度建设及执行情况; d)技术档案管理情况; e)年度技术质量目标完成情况			
11.4	企业应每年进行一次车辆技术管理考核,范围应包括本单位分公司、子公司及车辆技术管理相关部门			
11.5	企业应根据考核结果实施奖惩,并对考核结果进行公示			
11.6	企业对考核过程中发现的不合格项目应限期整改,并提出具体的纠正和预防措施			

附录2 《危险货物道路运输企业运输事故应急预案编制要求》(JT/T 911)

《危险货物道路运输企业运输事故应急预案编制要求》(JT/T 911—2014,以下简称《应急预案编制要求》)规定了危险货物道路运输企业运输事故应急预案的编制步骤、预案内容以及文本格式与要求,适用于指导危险货物道路运输企业编制危险货物运输过程中事故应急预案。

基本概念

(1)事故,是指危险货物道路运输过程中,突然发生的,造成或者可能造成社会危害,需要采取应急处置措施予以应对的紧急事故。如道路交通事故,运输车辆着火燃烧,车载危险货物发生泄漏、燃烧、爆炸等事故。

(2)事故等级。

根据事故的社会危害程度和影响范围等因素,将其划分成的四个等级:特别重大事故(级)、重大事故(级)、较大事故(级)、一般事故(级)。

《生产安全事故报告和调查处理条例》第三条规定根据生产安全事故造成的人员伤亡或者直接经济损失,事故一般分为以下等级:

①特别重大事故,是指造成30人以上死亡,或者100人以上重伤(包括急性工业中毒,下同),或者1亿元以上直接经济损失的事故;

②重大事故,是指造成10人以上30人以下死亡,或者50人以上100人以下重伤,或者5000万元以上1亿元以下直接经济损失的事故;

③较大事故,是指造成3人以上10人以下死亡,或者10人以上50人以下重伤,或者1000万元以上5000万元以下直接经济损失的事故;

④一般事故,是指造成3人以下死亡,或者10人以下重伤,或者1000万元以下直接经济损失的事故。

(3)危险因素,是指引起事故的主要影响因素,包括危险货物运输驾驶员、危险货物及包装、运输车辆及安全设备、道路条件、交通状况、沿途的地质环境和恶劣天气。

(4)应急预案,是指针对可能发生的事故,为保证迅速、有序、有效地开展应急与救援行动,消除或减少事故危害,降低事故造成的损失而预先指定的行动计划或方案。

(5)应急响应,是指依据事故等级,为迅速、有序地开展应急行动而预先进行的组织、物资准备和应急处置工作部署。

附录 **附录2** 《危险货物道路运输企业运输事故应急预案编制要求》（JT/T 911）

(6)应急处置,是指事故发生后,为消除、减少事故危害,防止事故扩大或恶化,最大限度地降低事故造成的损失或危害而采取的救援措施和行动。

(7)应急资源,是指应急装备、物资、储备的运力和应急救援队伍等。

一、编制步骤

危险货物道路运输企业依据《应急预案编制要求》在"编制准备"方面开展隐患排查治理工作的要求见附表2-1。

编制准备　　　　　　　　　　　　　　　　　　　　附表2-1

主要负责人签字：　　　　　　　　　　　日期：
安全生产管理人员签字：　　　　　　　　日期：
从业人员签字：　　　　　　　　　　　　日期：

	排查内容	排查(检查)情况	治理措施	备注
3.1.1	成立由管理人员、专业人员组成的应急预案编制小组,指定负责人			
3.1.2	制定应急预案编制计划,至少应包括以下内容： a)评估应急预案编制必要性； b)明确编制人员职责； c)确定工作方案、进度； d)制定应急预案编制计划			
3.1.3	收集、调查应急预案编制所需的各种材料,至少应包括以下内容： a)相关法律法规和技术标准； b)国内外同行业事故案例分析； c)车辆技术档案,车辆和从业人员事故违章处理记录； d)运输线路及沿线的地质环境、交通状况等			
3.1.4	依据《应急预案编制要求》附录A制定事故及其灾害后果预测表			
3.1.5	分析本企业和托运人的应急资源			

编制准备完成后,可以根据本标准给定的应急预案内容要求,编制应急预案。编制过程中做到责任分明、科学适用、便于操作,并注重与生产单位和托运人的合作。应急预案编写完后,可组织有关人员、机构和专家进行评审。评审通过后,按规定备案,并经企业主要负责人签署发布。

有下列情形之一的,应当进行更新：

(1)原则上每两年组织修订、完善应急预案；

（2）应急预案依据的法规、标准发生变化，或者出台新的相关法规和标准；

（3）应急预案涉及的要素发生变化；

（4）应急演练结束后、企业发生事故应急行动结束后取得经验。

二、预案内容

危险货物道路运输企业依据《应急预案编制要求》在"预案内容"方面开展隐患排查治理工作的要求见附表2-2。

预案内容　　　　　　　　　　　　　　　　　　　　　　　　　　附表2-2

主要负责人签字：　　　　　　　　　　　　　　日期：
安全生产管理人员签字：　　　　　　　　　　　日期：
从业人员签字：　　　　　　　　　　　　　　　日期：

	排查内容	排查(检查)情况	治理措施	备注
4.1	企业概括：至少应包括以下内容： a）企业地址； b）从业人数； c）运输车辆车型、罐车罐体材质； d）主要运输危险货物联合国编号（UN编号）、品名、运量、起始地、目的地、形式路线图等； e）企业应急资源			
4.2	应急救援组织设置：至少包括应急领导组、技术指导组和现场工作组，明确各组职责			
4.3	事故及其灾害后果预测：依据《应急预案编制要求》附录A确定可能引起的事故、预测灾害后果，形成事故及其灾害后果预测表			示例参见《应急预案编制要求》附录B
4.4　驾驶员和押运人员应急处置				
4.4.1	停车处置至少应明确以下内容： a）立即停车：明确停车后将发动机熄火并切断所有电源的规定；对于无法立即停车的，明确移动后停车的条件，以及停车位置的要求； b）撤离驾驶室时需要携带安全卡等重要资料清单			
4.4.2	事故发生时的信息报告，至少应明确以下方面： a）事故发生地报警电话； b）事故发生地交通运输主管部门、本企业24h有效的联络方式、手段； c）事故信息报告的流程和时限； d）事故信息报告的内容和方式			

附录　**附录 2**　《危险货物道路运输企业运输事故应急预案编制要求》（JT/T 911）

续上表

排查内容		排查(检查)情况	治理措施	备注
4.4.3	事故信息报告的内容,至少应包括以下部分： a）报告人姓名、联系方式； b）发生的事故及部位； c）发生时间、具体地点（如×××公路×××km处）、行驶方向； d）车辆牌照、荷载吨位、车辆类型、罐车罐体容积,当前状况； e）UN 编号、危险货物品名、数量,当前状况； f）人员伤亡及危害情况； g）已采取或拟采取的应急处置措施			
4.4.4	现场处置,针对灾害后果预测表中事故和灾害后果,至少应明确以下内容： a）个体防护措施； b）初期应急处置措施； c）放置警告标志、设置警戒、协助疏散人员方案； d）现场保护方案； e）配合政府部门开展应急救援的要求			
4.5　企业应急处置				
4.5.1	信息报送与通信联络,至少应明确以下内容： a）当地安全生产监督管理部门、环境保护、公安、卫生主管部门有效的联络方式和手段； b）本企业和托运人 24h 有效的应急通信联络方式； c）事故信息接收和通报程序、内容和时限			
4.5.2	响应分级：依据事故等级,确定应急响应级别			
4.5.3	依据应急响应级别,至少应明确以下内容： a）应急指挥； b）分析、评估事态及发展； c）对现场应急处置的技术指导； d）应急资源调配； e）接受主管部门的组织、调度和指挥,协助应急救援； f）扩大应急			
4.5.4	应急结束,至少应明确以下内容： a）应急终止条件； b）事故情况上报事项； c）需向事故调查处理小组移交的相关事项			

续上表

	排查内容	排查(检查)情况	治理措施	备注
4.7	后期处置:恢复和重建等后期处置措施,至少应明确以下内容: a)污染物处理; b)受伤人员处理; c)事故后果影响消除和生产运输秩序恢复; d)善后赔偿; e)事故经过、原因和应急处置工作经验教训报告; f)应急预案的更新			
4.8	应急保障:至少应明确以下内容: a)与应急工作相关联的单位或人员通信联系方式和方法,并提供备用方案; b)本企业和托运人的应急救援队伍; c)应急装备、物资和储备运力,主要包括名称、型号、数量、性能、存放地点、管理者及其通信联系方式等; d)应急专项经费,主要包括来源、使用范围、额度和监督管理措施; e)其他相关保障,如运输保障、治安保障、技术保障、医疗保障、后勤保障等			
	4.9　应急培训和演练			
4.9.1	应急培训,至少应明确以下内容: a)培训对象; b)培训内容; c)培训方式; d)培训频率和时间			
4.9.2	应急演练,至少应明确以下内容: a)演练目标、内容、规模; b)参加演练的部门及人员; c)演练频次; d)评估、总结			
4.10	应急预案相关附件,主要包括以下内容: a)危险货物安全技术说明书; b)相关部门和单位通讯录; c)本企业应急通讯录; d)应急装备、物资和储备运力的名称、型号、存放地点、管理者及其通信联系方式; e)信息接收、处理、上报等规范化格式文本; f)事故及其灾害后果预测表; g)本企业与周边应急救援队伍签订的协议			

附录　**附录2**　《危险货物道路运输企业运输事故应急预案编制要求》（JT/T 911）

三、文本格式与要求

危险货物道路运输企业依据《应急预案编制要求》在"文本格式与要求"方面开展隐患排查治理工作的要求见附表2-3。

文本格式与要求　　　　　　　　　　　　　　　　　　附表2-3

主要负责人签字：　　　　　　　　　　　日期：
安全生产管理人员签字：　　　　　　　　日期：
从业人员签字：　　　　　　　　　　　　日期：

	排查内容	排查(检查)情况	治理措施	备注
5.1	应急预案文本格式应包括如下内容： a）封面：应急预案名称、编号、版本号、企业名称、实施日期、签发人、公章； b）目录； c）前言：应急预案在企业应急预案体系中地位和作用、编制目的、依据、适用范围； d）应急预案：主要章、条及内容，见4.1～4.9； e）附件			
5.2	应急预案编排格式应符合： a）封面应急预案标题采用黑体3号字，其他采用黑体4号字； b）文中章、条的编号及标题采用黑体4号字； c）正文内容采用宋体4号字； b）应急预案文本应打印后装订成册			

> **拓展知识**
>
> ## 应急预案培训
>
> 　　加强从业人员的安全教育培训，提高生产经营单位从业人员对作业风险的辨识、控制、应急处置和避险自救能力，提高从业人员安全意识和综合素质，是防止发生不安全行为、减少人为失误的重要途径。道路危险货物运输涉及的因素众多，专业知识较强，如危险货物自身的理化特性和危险特性、罐式车辆的结构和主要安全附件使用方法、应急消防设施的使用、相关法律法规及规章的要求等方面，均需要通过充分培训和教育方可让操作人员知悉和正确操作。

企业在完成应急预案编制后,应结合自身情况制定培训计划,并将其纳入企业安全生产管理计划中去,保证应急预案培训工作井然有序地开展和落实。应急预案培训计划由企业主要负责人组织制定,具体由人力资源部门、安全生产管理机构或者办公室编写,一项完整的应急预案培训计划应涵盖培训时间、培训内容、培训对象、培训学时和责任部门以及资金落实等方面。

运输事故中,驾驶员和押运人员是现场的第一发现者和施救者,主要职责就是全面、准确和及时地将信息报送到相关部门,并在条件许可的情况下,采取初期的处置措施,赢得最佳救援时机。加强对驾驶员和押运人员的应急预案培训,提高其应急处置能力至关重要。应急处置的具体内容,主要包括以下三个方面:

1) 停车处置

《应急预案编制要求》对停车处置提出了基本要求。

(1) 立即停车,明确停车后将发动机熄火并切断所有电源的规定;对于无法立即停车的,明确移动后停车的条件,以及停车位置的要求;

(2) 撤离驾驶室时需要携带《道路运输危险货物安全卡》等重要资料清单。

驾驶员或押运人员撤离驾驶室时携带《道路运输危险货物安全卡》,是为了解所运危险货物的危险性、泄漏处理、储运要求、急救措施、灭火方法以及相关门联系电话等。

由于事故情况千变万化,停车处置的内容也是不同,或者说有时是不能立即停车的。在事故发生初期,驾驶员和押运人员采取的诸如正确停车、切断电源等初期处置措施,可以有效控制事故蔓延,为救援队伍争取时间。同时在事故现场采取一切可能的警示措施,如放置警告牌、设置警戒线、广播报警等,可有效避免更多的无关人员遭受伤害,把事故损失减少至最少。正确的停车做法有以下几种:

(1) 在一般情况下,可以立即停车,熄火发动机并切断总电源。但此时车辆要立即开启危险报警闪光灯(打开双闪灯),在车后方150m处摆放警告标志。对于无法立即停车的(如在隧道内、加油站旁等),要将车辆驶入安全区域停车。

(2) 在高速公路上发生事故时,应将车停在紧急停靠带内,此时车辆要立即开启危险报警闪光灯(打开双闪灯),在车后方150m处摆放警告标志。夜间、雨、雾等天气还应当同时开启示廓灯、尾灯和后雾灯。

(3) 迅速停车,观察情况,如查看车辆和罐体损坏及现场周边情况。如果发生危险品泄漏,条件允许时,迅速将车驶离水源、城镇、村庄和人员密集场所等区域,或直接就近将车停于空旷、低洼地点实施关闭紧急制动阀,紧急封堵,容器或吸油海绵收集等措施。

(4) 发生易燃液体罐车泄漏事故时,发现罐车容器管路系统出现有微小泄漏,尽可能在救援队伍到来之前进行检修、堵漏处理,可以有效避免泄漏点扩大,减少泄漏量。而当泄漏量增大、人员无法靠近时,应设置相应警戒隔离标志并立即离开危险区域,避免由于突发爆炸、火灾事故造成人员伤亡。

附录　附录2　《危险货物道路运输企业运输事故应急预案编制要求》（JT/T 911）

2）事故报告

按照《应急预案编制要求》，事故信息报告的内容至少应包括以下部分：

(1) 报告人姓名、联系方式；
(2) 发生的事故及部位；
(3) 发生时间、具体地点(如，×××公路×××km处)、行驶方向；
(4) 车辆牌照、荷载吨位、车辆类型、罐车罐体容积，当前状况；
(5) UN 编号、危险货物品名、数量，当前状况；
(6) 人员伤亡及危害情况；
(7) 已采取或拟采取的应急处置措施。

报警时，还可以进一步强调事故性质(如由交通事故引发的危险货物泄漏、火灾、爆炸等)。

在发生事故时，全面、准确和及时地将信息报送到相关部门是驾驶员和押运人员最主要的职责，因此合理地确定事故报告内容，显得尤为主要。按照交通运输部《交通运输突发事件信息报告和处理办法》对信息报告的要求和规定，应从运输的危险货物及其当时的状态、运送的车辆及当时的状态、事故基本信息及其已经产生的影响、采取的措施等方面确定报送内容。

危险货物道路运输事故发生后，驾驶员、押运人员要立即报告事发地公安交通管理部门和本企业。由于在实际运输过程中的危险货物道路运输事故，大多数是交通事故或是由交通事故导致危险货物泄漏、燃烧、爆炸等责任事故，故发生事故后第一时间报告公安部门。此外，还要强调《危险化学品安全管理条例》要求道路运输过程中发生危险化学品事故的，驾驶员或者押运人员还应当向事故发生地交通运输主管部门报告。事故报警流程如附图2-1所示。

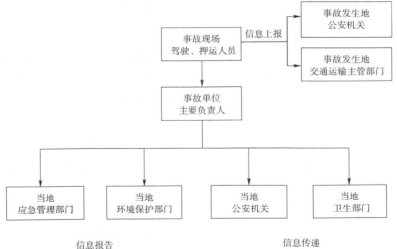

附图2-1　事故报警流程

事故现场的驾驶员、押运人员除了要及时向事故发生地公安机关、交通运输主管部门报警,还要向本企业汇报。企业在接到事故报告后,及时有效地向应急管理部门、环境保护主管部门、卫生主管部门等进行通报,并立即启动应急预案,会同最了解所运危险货物性质的托运人采取检修、灭火、维护现场秩序、警戒设置等应急措施,联络、协助相关救援部门、单位进行事故救援。

案例:

驾驶员和押运人员查看险情后,首先报警,等待应急小组的到来,并打电话向公司汇报情况。信息报告对话如下:

押运人员:"110,我是×××公司车牌号为×××××的厢式货车,车上载有液化石油气钢瓶50只,在南山区平方物流园振海路发生事故,有6只15公斤的液化石油气钢瓶掉落,其中一只着火,请求支援。"

110:"110值班室收到,请保持镇静,救援力量马上就到。"

押运人员:"收到。"

押运人员:"报告黄队,我是×××公司车牌号为×××××的厢式货车押运人员×××,我车上载有液化石油气钢瓶50只,在南山区平方物流园振海路发生事故,有6只15公斤的液化石油气钢瓶掉落,其中一只着火,请求支援。"

深岩公相关安全负责人(车队长):"收到,按照现场处置方案做好处置,注意自我防护。"

押运人员:"收到。"

3)现场处置

事故发生后,驾驶员、押运人员需采取措施有:

(1)个体防护,以确保自身安全。如穿防护服、佩戴自供正压式呼吸器、停留在上风向等。如有需要,施救人员要抓紧取出备用的应急装备包,穿戴好防护装备,如无法取出装备,采取简易有效的防护措施保护自己。

(2)初期应急处置。事故报告后,驾驶员应根据危险货物的不同特性,采取相应的应急措施。如针对爆炸品爆炸燃烧等事故,需用水冷却灭火,不能采取窒息法或隔离法;对其撒漏物,应及时用水湿润,再撒以锯末或棉絮等松软物品收集并保持相当湿度,报请公安部门或消防人员处理。

(3)放置警告标志、设置警戒、协助疏散人员。警告标志和警戒的设置应按照《道路交通安全法实施条例》和《道路危险货物运输管理规定》的规定规范设置。隔离事故现场,把现场人员疏散或转移至安全区域,应选择安全的撤离路线,一般是从上风侧(口)离开让。

(4)现场保护。肇事车停位、伤亡人员倒位、各种碰撞碾压的痕迹、刹车拖痕、血迹及其他散落物品均属保护内容,不得破坏、伪造。如危险货物泄漏有爆炸、火灾、中毒可能危及安全时,驾驶员应劝导阻止无关人员和车辆进入现场。并在现场周边设置安全警示标志,提示过往行人和车辆注意避让。

附录　**附录2**　《危险货物道路运输企业运输事故应急预案编制要求》（JT/T 911）

（5）根据车上运载的危险品货物性质、危害特性、包装容器的使用特性采取相应的应急措施。如油罐运输车、液化气运输车、腐蚀品运输车采取相应的应急器材和防护用品。

（6）发生火灾等事故。遇到火灾初期,可迅速取出灭火器灭火或用路边沙土扑救;火势失控应放弃个人扑救,采取应急疏散、撤离和逃生措施,待消防救援力量到场后,配合开展救援行为。

（7）其他相关提示：

①在高速公路上,驾驶员、押运人员要注意自身安全防护,必须停留在安全区域。

②在高架桥上,要提示引导相关人员沿桥面疏散、撤离和逃生。

③在夜间,要摆放应急警示灯,提示过往车辆注意避让。

④在人员密集区域时要告诫围观群众远离,且现场周边严禁烟火。

⑤遇突发自然灾害时,驾驶员应立即将危险货物车辆停放于安全地带。

附录3 《危险货物道路运输企业安全生产管理制度编写要求》(JT/T 912)

《危险货物道路运输企业安全生产管理制度编写要求》(JT/T 912—2014,以下简称《安全生产管理制度编制要求》)规定了危险货物道路运输企业安全生产管理制度的编制要求、编制内容、编制步骤、格式及要求,适用于危险货物道路运输企业安全生产管理制度的编写。使用自备车辆为本单位服务的非经营性危险货物道路运输单位的安全生产管理参照执行。

> **基本概念**
>
> (1)安全生产管理制度,是指企业和职工在生产活动中共同遵守的安全行为规范和准则。
>
> 《安全生产管理制度编制要求》明确,危险货物道路运输企业安全生产管理制度,至少应包括下列内容:
> ①安全生产监督检查制度;
> ②安全生产教育培训制度;
> ③从业人员安全管理制度;
> ④专用车辆安全管理制度;
> ⑤安全设施设备(停车场)管理制度;
> ⑥应急救援预案管理制度;
> ⑦安全生产会议制度;
> ⑧安全生产考核与奖惩制度;
> ⑨安全事故报告、统计与处理制度。
>
> (2)安全设施设备,是指企业在生产经营活动中,为将危险、有害因素控制在安全范围内,以及减少、预防和消除危害所配备的装置(设备)和采取的措施。
>
> (3)安全生产管理台账,是指反映企业安全生产管理明细情况资料的规范记录。
>
> (4)劳动防护用品,是指企业为从业人员配备的,使其在劳动过程中免遭或减轻事故伤害及职业危害的个人防护用品,以及为保障劳动者健康安全而发放的物品。

一、编制内容

危险货物道路运输企业依据《安全生产管理制度编制要求》在"编制内容"方面开展隐患排查治理工作的要求见附表3-1。

附录　**附录3**　《危险货物道路运输企业安全生产管理制度编写要求》（JT/T 912）
编制内容　　　　　　　　　　　　　　　　　　　　　　　　　附表3-1

主要负责人签字：　　　　　　　　　　　日期：
安全生产管理人员签字：　　　　　　　　日期：
从业人员签字：　　　　　　　　　　　　日期：

	排查内容	排查(检查)情况	治理措施	备注
	5.2　安全生产监督检查制度			
5.2.1	企业安全生产监督检查制度，至少应明确下列部分： a) 适用范围(包括所有与生产经营相关的部门、岗位及从业人员、场所、环境、设备设施和活动等)； b) 实施主体及其职责分工； c) 监督检查的内容、方法和时间； d) 隐患的处理程序； e) 监督检查档案或台账的记录要求； f) 需明确的其他内容； g) 附则(包括制定与解释、实施时间等)			
5.2.2	企业安全生产监督检查的内容包括： a) 安全生产管理机构设置； b) 各工作岗位职责落实； c) 安全培训教育情况； d) 车辆及设备设施安全技术状况； e) 从业人员操作规程执行情况； f) 事故隐患整改及应急预案演练； g) 安全生产台账、档案保存； h) 安全生产其他内容			
5.2.3	企业对在安全生产监督检查中发现的问题或隐患的处理，应根据实际情况明确下列内容： a) 隐患整改方案； b) 组织隐患整改实施； c) 整改项目的复查验收。			
5.2.4	安全生产监督检查档案或台账的记录要求，至少应包括： a) 检查日期； b) 检查部位或场所； c) 发现隐患的数量、类别和具体情况； d) 整改措施和完成整改时间； e) 检查现场照片； f) 负责实施部门或人员及签名等			

续上表

排查内容		排查(检查)情况	治理措施	备注
5.3 安全生产教育培训制度				
5.3.1	企业安全生产教育培训制度,至少应明确以下内容: a)适用范围(包括企业各部门员工,以及来企业务工的临时工和实习人员等); b)实施主体及其职责分工; c)企业安全教育培训计划; d)安全教育培训的形式和内容; e)安全教育培训档案或台账的记录要求; f)需明确的其他内容; g)附则(包括制定与解释、实施时间等)			
5.3.2	企业安全教育培训包括岗前培训和日常培训。培训至少应包括以下内容: a)国家危险货物道路运输有关安全法律、法规、规章及标准; b)企业安全生产管理制度; c)企业常运危险货物的理化特性、职业危害及事故预防措施; d)安全设施设备、劳动防护用品(器具)及消防器材的正确使用和维护方法; e)员工职业道德教育; f)安全生产基本知识和安全行车知识; g)典型事故案例的警示教育; h)应急处置知识和应急设施与设备操作使用常识; i)异常情况紧急处置、事故应急预案、演练要求			
5.3.3	安全教育培训档案或台账的记录要求,至少应包括: a)培训时间和地点; b)授课人及培训内容; c)参加培训人员签名; d)考核时间、试卷、答案、成绩及阅卷人; e)违章违纪处理情况等			

附录 **附录3** 《危险货物道路运输企业安全生产管理制度编写要求》（JT/T 912）

续上表

	排查内容	排查(检查)情况	治理措施	备注
5.4	从业人员安全管理制度:从业人员管理制度,至少应明确以下内容: a)制定依据; b)适用范围; c)实施主体及职责分工; d)招聘内容及要求等; e)从业人员信息; f)资格证管理程序(包括:申请、审核、办理和备案等); g)参加安全培训教育学习和安全活动记录; h)违法、违章、违纪情况; i)调离辞退的条件、标准及程序; j)管理档案或台账的记录; k)需明确的其他内容; l)附则(包括制定与解释、实施时间等)			
5.5	专用车辆安全管理制度:专用车辆安全管理制度,至少应明确以下内容: a)制定依据; b)适用范围; c)实施主体及职责分工; d)车辆选配及报废管理; e)车辆必备安全设施设备的配置和安装要求; f)车辆检查维护与审验评定; g)车辆技术档案或台账记录; h)全体检查记录; i)需明确的其他内容; j)附则(包括制定与解释、实施时间等)			
	5.6 安全设施设备(停车场)管理制度			
5.6.1	安全设施设备管理制度,至少应明确下列内容: a)制定依据; b)适用范围; c)实施主体及职责分工; d)安全设备配置的种类、数量及质量要求; e)专用停车场安全环境要求(包括周边警戒区划定、警示标志设置等); f)日常运行管理要求; g)管理档案或台账的记录; h)需明确的其他内容; i)附则(包括制定与解释、实施时间等)			

续上表

排查内容		排查(检查)情况	治理措施	备注
5.6.2	车辆卫星定位监控系统,至少应包括下列内容: a)适用范围(包括企业监控平台专管人员、值班监控人员、调度员等); b)管理主体及其职责分工; c)安装规范和管理要求; d)监控内容和程序; e)信息发送(内容包括道路交通事故通报、安全提示以及预警信息等); f)监控记录及违规处理; g)需明确的其他内容; h)附则(包括制定与解释、实施时间等)			
5.7	应急救援预案管理制度:应急救援预案管理,至少应包括下列内容: a)评审、备案、负责人签署发布; b)宣传和教育; c)修订与更新			企业应急救援预案编制应符合JT/T 911—2014要求
5.8 安全生产会议制度				
5.8.1	企业安全生产会议制度,至少应包括下列内容: a)适用范围; b)实施主体及职责分工; c)安全生产会议类别及内容; d)会议记录要求(包括会议召开通知、会议照片记录、参会人员签名、记录人、会议主要内容等); e)其他需明确的内容; f)附则(包括制定与解释、实施时间等)			企业安全生产会议应分为安全生产领导机构工作会议及安全生产工作例会
5.8.2	a)安全生产领导机构工作会议内容,至少应包括: 1)企业在相应时间段内安全生产目标改进; 2)安全生产岗位职责落实及安全管理重要人员变更; 3)安全管理制度改进; 4)安全生产情况分析; 5)事故隐患整改情况; 6)重要安全工作决策与部署等。			

附录 **附录3** 《危险货物道路运输企业安全生产管理制度编写要求》（JT/T 912）

续上表

	排查内容	排查(检查)情况	治理措施	备注
5.8.2	b)安全生产工作例会内容,至少应包括： 1)企业在相应时间段内的安全生产工作与目标的实施情况； 2)安全管理制度符合度评价； 3)安全生产工作分析； 4)安全工作实施部署等			
5.9	安全生产考核与奖惩制度：至少应包括下列内容： a)制定依据； b)适用范围及对象； c)实施主体及其职责分工； d)安全生产考核的具体方法和内容； e)奖惩的类型； f)奖励和处罚的条件； g)奖惩档案或台账的记录要求（包括考核时间、考核对象、考核人员、考核标准及结果、奖惩措施等）； h)需明确的其他内容； i)附则（包括制定与解释、实施时间等）			
	5.10 安全事故报告、统计与处理制度			
5.10.1	安全事故报告、统计与处理制度，至少应包括下列内容： a)制定依据； b)适用范围； c)实施主体及其职责分工； d)安全事故分类和等级划分； e)事故报告的基本内容； f)事故报告对象； g)现场保护和救护的基本要求； h)管理档案或台账记录要求； i)需明确的其他内容； j)附则（包括制定与解释、实施时间等）			
5.10.2	安全事故报告的基本内容，至少应包括下列内容： a)事故发生单位概况； b)事故发生时间、地点及现场情况； c)事故简要经过； d)事故已造成或可能造成的伤亡人数（包括下落不明、涉险的人数）； e)已经采取的措施； f)其他应当报告的情况			

续上表

排查内容		排查(检查)情况	治理措施	备注
5.10.3	事故调查报告应包括下列内容,附有相关证据材料: a)事故发生经过和救援情况; b)事故造成的人员伤亡和直接经济损失; c)事故发生原因及性质认定; d)事故责任划分及责任者的处理建议; e)事故教训及防范措施			
5.10.4	依据责任划分标准,事故处理应包括下列内容: a)对责任主体实行责任追究及处理的程序和措施; b)对责任主体实行责任追究及处理的标准等			
5.10.5	事故统计分析,应明确统计和分析的内容、统计时限、统计分析结果等			

企业制定安全生产管理制度应采用"策划、实施、检查、改进"的方式,结合企业自身特点进行编制。危险货物道路运输企业应制定安全生产管理制度和安全生产操作规程,安全生产操作规程要求见《安全生产管理制度编制要求》附录 A。

二、格式和要求

危险货物道路运输企业依据《安全生产管理制度编制要求》在"格式和要求"方面开展隐患排查治理工作的要求见附表3-2。

格式和要求　　　　　　　　　　　　　　　附表3-2

主要负责人签字:　　　　　　　　　　日期:
安全生产管理人员签字:　　　　　　　日期:
从业人员签字:　　　　　　　　　　　日期:

排查内容		排查(检查)情况	治理措施	备注
7.1	格式:制度文本至少应包括以下章、条及内容: a)封面,主要包括:安全生产管理制度的标题、单位名称、编号、实施日期、签发人、公章; b)目录; c)安全生产管理制度内容; d)附件			示例见《安全生产管理制度编制要求》附录 B
7.2	字号及装订要求:企业安全生产管理制度字号及装订基本要求: a)安全生产管理制度标题采用黑体3号字; b)正文中章、条的编号及标题采用黑体4号字; c)正文内容采用宋体4号字; d)企业安全生产管理制度文本应打印后装订成册			

附录4 《危险货物道路运输企业安全生产责任制编写要求》(JT/T 913)

《危险货物道路运输企业安全生产责任制编写要求》(JT/T 913—2014,以下简称《安全生产责任制编写要求》)规定了危险货物道路运输企业安全生产责任制的编制要求、编制内容及格式和要求等,适用于危险货物道路运输企业安全生产责任制的编写。使用自备车辆为本单位服务的非经营性危险货物道路运输单位的安全生产管理参照执行。

《安全生产法》第四条规定,生产经营单位必须遵守本法和其他有关安全生产的法律、法规,加强安全生产管理,建立、健全安全生产责任制和安全生产规章制度,改善安全生产条件,推进安全生产标准化建设,提高安全生产水平,确保安全生产。《安全生产责任制编写要求》就是基于"建立、健全"要求研究制定的。

> **基本概念**
>
> (1)安全生产责任制,是指危险货物道路运输的企业负责人及其他从业人员在安全生产方面应负的责任。
>
> 企业安全生产责任制应至少包括下列内容:
> ①安全生产目标;
> ②安全生产管理机构;
> ③安全生产岗位;
> ④安全生产责任考核;
> ⑤安全生产责任奖惩;
> ⑥附则。
>
> (2)安全生产"一岗双责",是指每个工作岗位,应负责本岗位职责,还要对本岗位的安全生产工作负责。
>
> (3)安全生产费用,是指企业按照规定标准提取,专门用于完善和改进企业安全生产条件的资金。
>
> (4)安全生产管理机构,是指危险货物道路运输企业专门负责安全生产监督管理的内设机构。

一、编制内容

危险货物道路运输企业依据《安全生产责任制编写要求》在"编制内容"方面开展隐患排查治理工作的要求见附表4-1。

编制内容　　　　　　　　　　　　　　　　　　　附表4-1

主要负责人签字：　　　　　　　　　　日期：
安全生产管理人员签字：　　　　　　　日期：
从业人员签字：　　　　　　　　　　　日期：

	排查内容	排查(检查)情况	治理措施	备注
5.1	总则：安全生产责任制总则部分应至少包括以下内容： a) 制定依据； b) 适用范围； c) 基本原则			
	5.2　安全生产目标			
5.2.1	目标设定：安全生产目标设定应至少包括以下内容： a) 运输责任事故控制目标； b) 运输安全管理工作目标			
5.2.2	目标分解：将安全生产目标和责任分解到企业有关安全生产管理机构和岗位			
5.2.3	目标执行：有关安全生产管理机构和岗位应按照目标分解，落实安全责任、投入和措施，实现企业安全生产目标			
5.2.4	目标监督检查：依据企业安全生产目标，对有关安全生产管理机构和岗位安全生产目标完成情况进行监督、检查的方法			
	5.3　安全生产管理机构			
5.3.1	安全生产管理机构设置：企业根据法律法规要求及安全生产管理需要，设置的安全生产管理机构，至少应包括安全生产决策机构和安全生产管理部门			其他职能部门职责包括规定在其职能范围内应负的安全生产工作责任
5.3.2	安全生产决策机构安全职责应至少包括： a) 负责领导本企业的安全生产工作； b) 研究决策本企业安全生产的重大问题； c) 贯彻执行国家和行业有关安全生产法律、法规、规章和标准的要求； d) 研究、审议和批准安全生产规划、目标、管理体系、安全管理机构设置、安全投入、安全评价等安全管理的重大事项			

附录 **附录4** 《危险货物道路运输企业安全生产责任制编写要求》（JT/T 913）

续上表

	排查内容	排查(检查)情况	治理措施	备注
5.3.3	安全生产管理部门的职责应至少包括： a)贯彻落实安全生产决策机构有关安全生产决定和管理措施； b)组织制定(修订)和执行安全生产管理制度、操作规程、安全生产工作计划、安全生产费用预算、应急预案等； c)组织召开安全会议,开展安全生产活动,提出安全生产管理建议； d)负责安全生产工作的监督、检查、考核、通报； e)负责安全设施、设备、防护用品管理与发放； f)负责车辆维护、保养和维修； g)危险货物受理、审核及相应营运手续办理； h)制定运输组织方案及车辆人员调度； i)专职安全生产管理人员、从业人员的审核、聘用、奖惩、解聘、劳动安全、职业健康等； j)负责运输事故现场协调、配合、调查与报告； k)安全生产管理档案建立、信息统计等			
	5.4 安全生产岗位			
5.4.1	安全生产岗位人员：一般包括主要负责人、分管安全的企业负责人、安全管理部门负责人、专职安全生产管理人员、驾驶员、押运人员、装卸管理人员及其他岗位人员			其他岗位人员应负责其职责范围内的安全生产工作
5.4.2	企业主要负责人是企业安全生产工作第一责任人,安全职责应至少包括： a)贯彻执行国家安全生产的法律、法规、规章、技术标准、政策规定等； b)建立、健全本单位安全生产责任制； c)组织制定本单位安全生产规章制度和操作规程； d)保证本单位安全生产投入的有效实施； e)督促、检查本单位的安全生产工作,及时消除生产安全事故隐患； f)组织制定并实施本单位的生产安全事故应急救援预案； g)及时、如实报告生产安全事故			
5.4.3	分管安全的企业负责人,安全生产职责应至少包括： a)组织、协调企业各职能部门的安全生产管理工作,改善安全生产条件； b)组织制定企业各项安全生产规章制度、操作规程及应急预案； c)负责企业运输事故应急处置、调查及处理建议；			

续上表

排查内容		排查(检查)情况	治理措施	备注
5.4.4	安全管理部门负责人安全生产职责应至少包括： a) 贯彻落实企业有关安全生产决定和管理措施； b) 制定和执行安全生产管理规章制度、操作规程、应急预案、安全生产工作计划、安全生产费用预算； c) 开展安全生产工作监督、检查、考核、隐患排查和整改的落实，安全文化建设和事故应急救援演练等； d) 组织召开安全工作例会，提出安全生产管理建议； e) 对运输事故现场协调处置、调查、报告及提出处理建议； f) 安全生产统计与安全生产管理档案建立			
5.4.5	专职安全生产管理人员安全生产职责应至少包括： a) 协助制定、执行企业安全生产管理规章制度、操作规程、应急预案、安全生产工作计划、安全措施等，监督、检查执行情况，提出改进建议； b) 组织安全学习、从业人员安全教育培训、应急演练等安全生产活动； c) 做好安全检查和隐患排查及督促整改； d) 新聘从业人员的教育培训、考核； e) 车辆和安全设施及设备、劳动防护用品等管理、发放、使用和保养，以及单位相关证照和保险办理； f) 事故现场组织施救，协助事故调查、处理，负责事故原因分析与保险理赔； g) 实施车辆动态监控以及安全统计和安全管理档案建立			
5.4.6	驾驶员安全生产职责应至少包括： a) 执行企业有关运输的各项规章制度、操作规程及应急预案，按照有关运输规定行车和停车； b) 负责车辆(罐体)日常检查和维护； c) 随车携带相关有效证件及文书，保证车辆安全防护设施、设备和防护用品等器材良好有效； d) 参加安全学习、教育培训等活动，按照 JT 617 和 JT 618 要求，掌握安全技术知识、技能与应急处理办法； e) 对运输事故及时报告和应急处置			驾驶员应了解所运危险货物的特性、包装容器的使用特性、防护要求和发生事故时的应急措施，熟练掌握消防器材的使用方法。驾驶员在运输途中应经常检查货物装载情况，发现问题及时采取措施。驾驶员不得擅自改变运输作业计划

附录 **附录4** 《危险货物道路运输企业安全生产责任制编写要求》（JT/T 913）

续上表

	排查内容	排查(检查)情况	治理措施	备注
5.4.7	押运人员安全生产职责应至少包括： a) 执行企业有关危险物运输押运的各项规章制度、操作规程和应急预案； b) 会同驾驶员做好车辆(罐体)安全检查，保障相关证件、文书、车辆安全防护设施、设备及消防、防护用品、货物捆扎等齐全有效； c) 监督、提醒驾驶员按照有关运输规定行车和停车，做好客户及货物核实，检查货物配装和堆码，行车途中应监视货物状态是否安全； d) 对运输事故及时报告和应急处置，且维护好现场； e) 应参加安全学习和教育培训等活动，按照 JT 617 和 JT 618 要求，掌握安全技术知识与应急处理办法			押运人员应了解所运危险货物的特性、包装容器的使用特性、防护要求和发生事故时的应急措施，熟练掌握消防器材的使用方法。押运人员应熟悉所运危险货物特性，并负责监管运输全过程。押运人员在运输途中应经常检查货物装载情况，发现问题及时采取措施
5.4.8	装卸管理人员安全生产职责应至少包括： a) 执行企业有关危险物运输装卸的各项规章制度、操作规程和应急预案； b) 检查运输车辆的资质、设备状况和安全措施、装卸作业区安全、车辆(罐体)、安全设备、装卸机具技术性能、货物、人员、证件、手续及作业人员劳动防护用品穿戴是否符合要求； c) 监视装卸过程和装卸作业应符合 JT 618 规定			
5.5	安全生产责任考核：企业应建立安全生产目标与责任制相结合的考核制度，制定量化的控制指标体系和考核规定			
5.6	安全生产责任奖惩：企业应实行安全生产目标与责任制相结合的奖惩制度			
5.7	附则：应至少包括下列内容： a) 解释权归属； b) 实施日期； c) 其他			

二、格式和要求

危险货物道路运输企业依据《安全生产责任制编写要求》在"格式和要求"方面开展隐患排查治理工作的要求见附表 4-2。

格式和要求　　　　　　　　　　　　　　　　　　　　　　附表 4-2

主要负责人签字：　　　　　　　　　　　　日期：
安全生产管理人员签字：　　　　　　　　　日期：
从业人员签字：　　　　　　　　　　　　　日期：

	排查内容	排查(检查)情况	治理措施	备注
6.1	格式：制度文本应至少包括以下内容： a)封面，主要包括内容：标题、单位名称、编号、实施日期、签发人、公章； b)目录； c)安全生产责任制内容； d)附件，主要包括企业安全生产责任制编制过程中所涉及的依据或说明			示例见《安全生产责任制编写要求》附录 A
6.2	字号及装订要求：企业安全生产管理责任制字号及装订基本要求： a)安全生产责任制封面标题采用黑体 3 号字； b)正文中章、条的编号及标题采用黑体 4 号字； c)正文内容采用宋体 4 号字； d)企业安全生产责任制文本应打印后装订成册			

附录 5　危险货物道路运输企业专职安全生产管理人员职责

一、驾驶员管理

危险货物道路运输企业专职安全生产管理人员，应依据有关要求建立危险货物道路运输从业人员的档案。危险货物道路运输从业人员档案应至少包括以下内容：

（1）劳动关系合同；

（2）姓名、性别、出生年月日、学历、岗位、简历等基本信息；

（3）身份证、机动车驾驶证、从业资格证复印件；

（4）从业情况记录（包括诚信考核记录，违法、违章、事故记录）。

在从业情况记录中，要注意从业人员是否存在妨碍安全驾驶疾病及生理缺陷，包括：心血管系统疾病（器质性心脏病）；神经系统疾病（癫痫发作者或曾有既往病史、美尼尔氏症、眩晕症、癔病、震颤麻痹和影响手脚活动的脑病）；精神障碍（精神病、痴呆）；生理缺陷（运动功能障碍、四肢不全）等。专职安全生产管理人员应从档案中了解从业人员的基本情况，尤其是从业人员疾病、生理缺陷等问题。

专职安全生产管理人员针对驾驶员管理工作的要求见附表 5-1。

驾驶员管理　　　　　　　　　　　　　　　　　附表 5-1

主要负责人签字：　　　　　　　　　　　日期：
安全生产管理人员签字：　　　　　　　　日期：
从业人员签字：　　　　　　　　　　　　日期：

		排查内容	排查(检查)情况	治理措施	备注
出车前的安全管理					
对驾驶员状况的询问	1	身体状况（是否有疾病或不舒服等）			防止带病驾驶、疲劳驾驶和酒后驾驶
	2	精神状况（昨晚睡眠情况）			
	3	饮酒状况（昨晚是否饮酒）			
	4	服用国家管制的精神药品或者麻醉药品			
告知	1	告知驾驶员运输线路、时间、注意事项以及在异常天气等影响安全的情况下应采取的安全措施			

续上表

		排查内容	排查(检查)情况	治理措施	备注
告知	2	提示驾驶员要注意按时休息,一次连续驾驶4h,应休息20min,连续24h内驾驶车辆的时间不要超过8h			
		认真、细致地讲解所运危险货物《道路运输危险货物安全卡》的内容,并要求随车携带			
运输途中的安全管理					
运输安全技术	1	危险货物运输作业和行驶过程中严禁携带火种,严禁吸烟、饮酒			
	2	道路危险货物运输车辆不应超载、超限、超速行驶			
	3	运输危险货物的车厢应保持清洁干燥,不得任意处置车上残留物			
	4	运输危险货物应根据货物性质,采取相应的遮阳、控温、防爆、防静电、防火、防震、防水、防冻、防粉尘飞扬、防撒漏等措施			
	5	装载有危险货物的车辆不应停放在企业或单位自备停车场			
	6	运输危险废物时,应采取防止污染环境的措施,并遵守国家有关危险货物运输管理的规定			
	7	夏季高温期间限制运输的危险货物,应按有关规定和标准进行运输			
	8	运输剧毒化学品时,应事先依法取得《剧毒化学品公路运输通行证》,按指定路线、时间、速度行驶。并设专人押运,防止被盗、丢失			
	9	在道路危险货物运输途中发生被盗、丢失、流散、泄漏等情况时,驾驶员应立即向当地公安部门和本运输企业或单位报告,并采取警示措施			
	10	道路危险货物运输车辆不应搭乘无关人员			
运输路线监管	1	驾驶员在运输过程中的行驶路线要按照公安部门指定路线行驶			

附录 附录5 危险货物道路运输企业专职安全生产管理人员职责

续上表

		排查内容	排查(检查)情况	治理措施	备注
运输路线监管	2	停车地点一定要选择得当,不得在水库、隧道、桥梁等重要保护区域内,机关、学校、桥梁、仓库和人员稠密地区停车,需要停车或者遇有无法正常运输的情况时,应向公安机关报告,需要长时间停车时,驾驶员应作相应的安全防护措施			
	3	必要时还应有备选路线,不得擅自改变运输计划			
	4	尽量避开人员密集的地段,避开冰雪路段、有障碍的路段等			
文明安全驾驶	1	在运输过程应严格遵守限速规定			
	2	确认有足够的安全车间距离,主动避让其他车辆			
	3	车辆行驶过程中,避免紧急制动、急转弯或车速过快,车辆转弯前应减速			
注意异常天气		雨雪、雾、冰雹、大风、闪电都会对行车安全造成不利影响,遇雨雪、雾、等恶劣天气,最高车速不得超过20km/h,及时打开紧急报警闪光灯,警示后车,防止追尾			
注意不同路况	1	高速公路相对封闭,车流量大,发生道路安全事故后果较为严重,极易引发二次事故			
	2	山区道路坡陡弯急,道路狭窄,转弯制动时存在极大风险			
	3	城市道路状况复杂,速度差别大,交叉口多,人流、车流易混杂,因此车辆在此行驶会面临多种风险			
	4	在不同路况上通行,驾驶员必须严格遵守《道路交通安全法》,注意观察交通信号、标志、标线,严格控制车速,高速公路上车速不大于70km/h,城市道路上车速不大于40km/h			
疲劳驾驶监管		在运输途中,专职安全生产管理人员或动态监控员应当根据驾驶员的行车时间,通过车载设备提醒驾驶员注意休息,防止驾驶员疲劳驾驶			

续上表

排查内容	排查(检查)情况	治理措施	备注
运输结束后的安全管理			
运输作业结束后,驾驶、押运人员应主动向专职安全生产管理人员或调度员汇报运输途中发现的问题,包括路况、车况、运行和自身等情况等			
专职安全生产管理人员或调度员应做好记录,对行车中发现的车辆故障,安排专业人员并做好交接记录			
需要交接的车辆,当班和接班驾驶员要做好车辆车况及所运货物的交接,并做好交接记录			

二、车辆检查

(一) 车辆检查步骤

1) 出车前

(1) 驾驶员出车前,必须随身携带和运输有关的各种证件和单据,做好车前安全检查,确保车辆、人员在运输过程中的安全性和可靠性;必须严格执行并遵守,不要依赖和相信他人的检查结果。在检查过程中驾驶员必须如实填写《车辆三检表》(附表5-2)中的每一项内容,并在整本使用结束后(以旧换新)上交公司留存备查。

车辆三检表　　　　　　　　　　　　　　　　附表5-2

车号		驾驶员		押运人员	
起讫点		货物名称		货物属性	
出车时间		年　月　日	返回时间		年　月　日
检查内容	出车前		行驶中	收车后	
车辆外观、紧急切断阀					
车辆人员证件					
灯光					
倒车警报					
方向、制动					
马腿、锁扣					
牵引连接处锁扣					
轮胎、轮挡					
标志标识、安全卡					
灭火器					
个人防护用品、应急装备					
医药箱(内含洗眼液)					
需报修部位					
驾驶员签名确认					

(2)检查车辆故障报修完工情况,严禁车辆带病出车。

(3)起动车辆应严格按照操作规程执行,在油、电及安全部件正常完好的状态下方能出车。

(4)车辆起步前再检查一次制动踏板,气压是否正常,查有无漏气、液压制动一脚是否有效,注意观察周围人员车辆动态,在确保安全的情况下,按规定缓慢起步。

2)行驶中

(1)行驶中要严格执行交通规则和驾驶操作规程,自觉做到遵章守纪、中速行驶、礼貌行车、不抢挡、争道,确保安全行车。

(2)行驶途中严格执行公司指定的运行线路,严禁私自绕道违章带货,或将车停靠在禁停路段上过夜,必须确保车辆、货物、人员的安全。

(3)长途车原则上每连续行驶2小时必须停车检查,检查车辆灯光、转向以及轮胎等部件有无异常,检查车辆所载货物遮盖、捆扎紧固是否正常,发现问题及时排除后方可行驶。

(4)在行驶过程中要观察仪表的工作情况,发现异常必须停车查明原因。遇到恶劣气候,如遇雾、雪、雨、冰冻、台风、洪水天气时,要坚持执行特殊气候条件行车规定,要谨慎驾驶,如危及安全及时停车,必要时应与单位取得联系,在确保安全的前提下再继续行驶,要坚决杜绝为了赶时间而不顾安全、盲目开车的行为。

(5)如因机械故障等必须停车时,应尽量靠边,远离弯道、岔道口、桥梁、涵洞、村庄、加油站等建筑物群及人口密集地带,停车后尾灯应开双跳示意,在车后(白天50m处,晚上150m处;在高速公路上,白天150m处,晚上250m处)放置三角警告标志牌或警示柱来提示周围车辆和人员不要靠近故障车辆。

(6)在行驶中发生事故,应立即停车,保护现场,及时抢救伤员和当地公安部门报告,同时设法与公司取得联系,以便及时妥善处理事故现场和对事故的善后处理。

3)回场后

(1)车辆回场进公司大门时,应按规定以低于5km/h车速,服从门卫的指挥,缓慢、平稳地进入规定的停车区域。严禁在停车区外随意停车。

(2)驾驶员对随车灭火器材、油布、绳索及随车工具和附属件,要进行清点,妥善保管,确保正常使用。

(3)车辆回场停妥后,应认真做好回场到例行维护工作,发现故障及时排除,需要修理的项目按规定手续及时进行保修。

(4)车辆回场后经例保检查车辆无异常情况,应切断电源,关好车窗锁好车门,向调度汇报当日完成任务情况。

(二)驾驶员自查

驾驶员必须严格执行并自行检查,不要依赖和相信他人的检查结果。车辆、设备检查具体步骤如下:

1) 车内随车证件、单据及物品

(1) 有效期内的驾驶证、从业资格证,车辆行驶证、运营证,托运单、运输单证、安全卡、MSDS、通行证等。

(2) 应急设备、PPE 检查,需配有使用性能良好且在有效期内的:防静电工作服、安全帽、安全防护眼镜、全身防护衣、反光背心、防护靴/鞋、防护性橡胶手套、自吸式防毒面具(有机蒸汽)(在发生产品泄漏时务必佩戴)、吸附棉、堵漏垫、登高绳、防爆的便携式照明设备(非金属外表面,不产生火花)、灭火器、三角木、铁锹(防爆)、三角警示牌、警示锥桶、轮挡。

(3) 急救医药箱检查,需配置有效期内的:碘伏消毒液、蒙脱石散、创可贴、纱布绷带、医用胶带、医用敷料、医用棉球、洗眼液、医用酒精。

2) 车辆前方

(1) 从正前方观察车辆的危险品三角顶灯、标志牌,查看车辆下面有否漏水漏油痕迹。

(2) 打开面板,查看水箱防冻液位、雨刮水箱水位,查看润滑油。

(3) 查看管路是否松动漏气,电线线路有否破损,固定螺丝是否紧固。

(4) 检查风窗玻璃是否清洁完好,刮水器是否完好,检查正面左右灯光是否清洁完好。

(5) 检查灯罩外壳是否齐全,车辆前牌照紧固完好无损。

(6) 检查阻火器是否在排气管上可靠连接。

(7) 检查灭火器压力,灭火器(4kg 以上)必须每 6 个月进行测试和检查,并标记上测试日期。

3) 车辆右侧

(1) 检查门铰链是否完好,右侧反光镜是否破损,架子是否牢固。

(2) 检查上下把手是否牢固完好,右踏脚板是否牢固,有无裂痕。

(3) 检查右前轮轮胎螺丝是否紧固,胎面及胎侧有否破损裂缝,气压是否正常,花纹是否完好(0.55cm 以上深度)。

(4) 检查油封是否完好,牵引车右边前挡泥板是否固定完好。

(5) 检查右侧油箱夹箍是否完好,固定螺丝紧固,检查油箱是否有油。

(6) 检查鞍座保险是否完好有效。

(7) 检查右中轮轮胎螺丝是否紧固,胎面及胎侧有否破损裂缝,气压是否正常,花纹是否完好,半轴螺丝是否紧固。

(8) 检查牵引车后牌照是否紧固并完好无损,左右灯光罩壳是否清洁完好。

(9) 检查右侧撑脚摇手柄是否完好有效,撑脚架是否固定完好,底板销是否完好有效。

(10) 检查防护栏是否固定有效无裂痕,工具箱是否固定完好,挂车腰灯是否完好。

(11) 检查右侧挂车轮胎挡泥板是否固定完好,轮胎螺丝是否紧固,胎面及胎侧有否破损裂缝,气压是否正常,花纹是否完好。

4) 车辆后侧

(1) 检查挂车后牌照是否齐全固定完好并无损,灯光装置是否完好有效无破损;检查接地线装置是否接地,后保险杠是否完好无破损。

(2)检查静电接地带是否紧固在车架上,是否正常悬挂并可靠接触地面。

5)车辆左侧

(1)检查左侧挂车轮胎挡泥板是否固定完好,轮胎螺丝是否紧固,胎面及胎侧有否破损裂缝,气压是否正常,花纹是否完好,备胎架子是否牢固,备胎是否有气。

(2)检查挂车左侧撑脚架是否固定且完好,底板销是否完好有效。

(3)检查左中轮检查轮胎螺丝是否紧固,胎面及胎侧有否破损裂缝,气压是否正常,花纹是否完好,轴螺丝是否紧固。

(4)检查左侧油箱夹箍是否完好,固定螺丝是否紧固,油箱是否有油,踏脚板是否牢固完好且无裂痕。

(5)检查气接头是否完好不漏气,电缆线接头是否完好无破损,牵引车备胎及架子是否完好。

(6)检查左侧踏板是否牢固,上下把手是否牢固完好,左侧反光镜是否破损架子是否牢固。

(7)检查左前轮轮胎螺丝是否紧固,胎面及胎侧有否破损裂缝,气压是否正常,花纹是否完好。

(8)检查油封是否完好,牵引车左边前挡泥板是否固定完好。

(9)车厢或集装箱内部检查:保证车厢或集装箱内部清洁,没有杂物或凸出物,底板平整,金属底板应当配备橡胶垫皮,集装箱还应检查箱体是否破损。

附录6 《交通运输部办公厅关于印发〈道路运输企业和城市客运企业安全生产重大事故隐患判定标准(试行)〉的通知》(交办运〔2023〕52号)

各省、自治区、直辖市、新疆生产建设兵团交通运输厅(局、委):

为指导各地科学判定、及时消除道路运输企业和城市客运企业安全生产重大事故隐患,根据《中华人民共和国安全生产法》《中华人民共和国道路交通安全法》《中华人民共和国道路运输条例》等法律法规,我部组织编制了《道路运输企业和城市客运企业安全生产重大事故隐患判定标准(试行)》,现印发给你们,请认真贯彻执行。

交通运输部办公厅
2023年9月13日

(此件公开发布)

附录 附录6 《交通运输部办公厅关于印发〈道路运输企业和城市客运企业安全生产重大事故隐患判定标准(试行)〉的通知》(交办运〔2023〕52号)

道路运输企业和城市客运企业安全生产
重大事故隐患判定标准(试行)

第一条 为指导各地科学判定、及时消除道路运输企业和城市客运企业安全生产重大事故隐患,根据《中华人民共和国安全生产法》《中华人民共和国道路交通安全法》《中华人民共和国道路运输条例》等法律法规,制定本标准。

第二条 本标准适用于道路旅客运输、道路普通货物运输、危险货物道路运输、城市轨道交通运营、城市公共汽电车客运、出租汽车客运、机动车驾驶员培训、机动车维修、汽车客运站等企业的安全生产重大事故隐患判定工作。

第三条 道路运输企业和城市客运企业存在下列情形之一的,应当判定为重大事故隐患:

(一)未取得经营许可或未按规定进行备案从事经营活动,或超出许可(备案)事项和有效期经营的;

(二)使用报废、擅自改装、拼装、检验检测不合格(含未在有效期内)以及其他不符合国家规定的车辆装备、设施设备等从事经营活动的;

(三)所属经营性驾驶员和车辆存在长期"三超一疲劳"(超速、超员、超载、疲劳驾驶)且运输过程中未及时提醒纠正、运输行为结束后一个月内未严肃处理,或所属经营性驾驶员存在一次计10分及以上诚信考核计分情形且未严肃处理仍继续安排上岗作业的;

(四)经营地或运营线路途经地已发布台风橙色及以上预警、暴雨、暴雪、冰雹、大雾、沙尘暴、大风、道路结冰红色预警,或地质灾害气象风险红色预警等不具备安全通行条件时,未执行政府部门停运指令或企业应急预案要求仍擅自安排运输作业的;

(五)按法律法规和规章规定,其他应当判定为重大事故隐患的。

第四条 道路旅客运输企业存在本标准第三条规定的情形或下列情形之一的,应当判定为重大事故隐患:

(一)800公里以上道路客运班线未按规定开展安全风险评估,或所属客运车辆未按规定执行凌晨2时至5时停车休息或接驳运输的;

(二)所属客运车辆违法承运或夹带危险物品的。

第五条 道路普通货运企业存在本标准第三条规定情形或下列情形之一的,应当判定为重大事故隐患:

(一)所属货运车辆故意夹带危险货物或违规运输禁运、限运物品,且运输过程中未及时提醒纠正、运输行为结束后一个月内未严肃处理的;

(二)所属货运车辆运输过程中违法装载导致车货总质量超过100吨的。

第六条 危险货物道路运输企业存在本标准第三条规定情形或下列情形之一的,应当判定为重大事故隐患：

（一）运输危险货物过程中包装容器损坏、泄漏的；

（二）所属常压液体罐车罐体运输介质超出适装介质范围，或超过核定载质量载运危险货物的；

（三）所属危险货物运输车辆未按规定采取相关安全防护措施的；

（四）所属运输剧毒化学品、爆炸品的专用车辆及罐式专用车辆（含罐式挂车）在消除危险货物的危害前，到不具备危货车辆维修条件的维修企业进行维修的。

第七条 城市轨道交通运营单位存在本标准第三条（一）（二）（四）（五）规定情形或下列情形之一的，应当判定为重大事故隐患：

（一）未按规定及时组织大客流疏散或列车重大故障清客的；

（二）未按规定及时整治桥隧、车站、轨道主体结构重大病害和损伤的；

（三）未建立保护区管理制度或执行制度不到位发生险性事件的。

第八条 城市公共汽电车客运企业存在本标准第三条规定情形或下列情形之一的，应当判定为重大事故隐患：

（一）未按规定在城市公共汽电车车辆驾驶区域安装安全防护隔离设施的；

（二）新能源城市公共汽电车动力电池超过质保期，未按规定及时更换仍继续使用的。

第九条 出租汽车客运企业存在本标准第三条规定情形或下列情形之一的，应当判定为重大事故隐患：

（一）网络预约出租汽车经营者（网约车平台公司）线上提供服务的车辆或驾驶员与线下实际提供服务的车辆、驾驶员不一致的；

（二）网络预约出租汽车经营者（网约车平台公司）未在 App 显著位置设置"一键报警"，或虽设置"一键报警"但无法正常使用的。

第十条 机动车驾驶员培训机构存在本标准第三条规定情形或下列情形之一的，应当判定为重大事故隐患：

（一）在道路上进行培训时未遵守公安机关交通管理部门指定的路线和时间的；

（二）所属教练员饮酒、醉酒后从事驾驶培训教学，或未按规定在基础和场地驾驶培训中随车或现场指导、在道路驾驶培训中随车指导的。

第十一条 机动车维修企业存在本标准第三条规定情形或下列情形之一的，应当判定为重大事故隐患：

（一）不具备危险货物运输车辆维修经营业务条件仍违规承修危险货物运输车辆的；

（二）特种作业人员未按规定持证上岗的。

第十二条 开展汽车客运站经营的企业存在本标准第三条规定情形或下列情形之一的，应当判定为重大事故隐患：

（一）未按规定执行一类、二类客运班线实名制管理制度的；

（二）允许超载车辆出站的。

附录　**附录6**　《交通运输部办公厅关于印发〈道路运输企业和城市客运企业安全生产重大事故隐患判定标准（试行）〉的通知》(交办运〔2023〕52号)

第十三条　依照本标准判定为重大事故隐患的，道路运输企业和城市客运企业应当按有关规定及时向属地交通运输主管部门和负有安全生产监督管理职责的管理部门报告，并依法依规采取相应处置措施。

第十四条　本标准自2023年10月1日起施行。

参 考 文 献

[1] 严季.危险货物道路运输安全管理手册(风险管理和隐患排查篇)[M].北京:人民交通出版社股份有限公司,2018.

[2] 中国石油和化学工业联合会.例外数量和有限数量危险货物道路运输指南[M].北京:人民交通出版社股份有限公司,2020.

[3] 钱大琳.危险货物道路运输[M].北京:人民交通出版社股份有限公司,2020.

[4] 严季.危险货物道路运输从业人员培训教材[M].3版.北京:人民交通出版社股份有限公司,2020.

[5] 全国质量管理与质量保证标准化技术委员会.风险管理术语:GB 23694—2013[S].北京:中国标准出版社,2009.

[6] 国务院安全生产委员会.关于实施遏制重特大事故工作指南构建安全风险分级管控和隐患排查治理双重预防机制的意见[Z].2016.

[7] 傅贵,章仕杰.事故的直接原因及危险源与隐患关系解[J].中国安全科学学报,2018,28(5).